일본을 대표하는 요리학교 HATTORI가 전하는 35가지 레시피

Hattori Recipe Book

핫토리영양전문학교 지음

머리말

한국에 계신 여러분, 안녕하세요.

시대의 변화에 따라 식사, 음식에 대한 우리들의 인식도 변화하고 있습니다.
단순히 식사를 위한 음식에서 벗어나
음식을 통해 **맛있는 즐거움**을 추구하는 이들이 늘고 있습니다.

이 책을 통해
일본에서 70년간 요리를 가르쳐 온 핫토리영양전문학교의 교재에서
일본요리, 서양요리, 중국요리, 제과·제빵 등 35가지 레시피를 엄선하여
한국에 소개할 수 있게 되어 굉장히 기쁩니다.
한국은 일본과 기후환경이 비슷하여
이 책에 수록된 레시피의 식재료도 쉽게 구할 수 있을 거라 생각합니다.

이 레시피들이 좋은 참고가 되어
모두가 **맛있고 즐거운** 식사를 하길 바라며.

학교법인 핫토리학원 부이사장
핫토리 요시히코

일본요리

다시 ... 010
- 다시를 내는 기본적인 방법 (다시마와 가쓰오부시의 다시)
- 다시의 종류

혼합조미료 ... 012
- 배합초 '合せ酢'
- 배합간장 '合せ醬油'
- 배합된장 '合せ味噌'

조리법 ... 014
- 조리기 '煮る'
- 굽기 '焼く'
- 찌기 '蒸す'
- 튀기기 '揚げる'

Lesson 01	모둠회 お造り	020
Lesson 02	차완무시 (일본식 계란찜) 茶碗蒸し	022
Lesson 03	삼치와 새송이버섯 양념구이 さわらとエリンギの幽庵焼き	024
Lesson 04	방어 무조림 ぶり大根	026
Lesson 05	닭모듬조림 炒り鶏	028
Lesson 06	덴푸라 (튀김) 天ぷら	030
Lesson 07	다키고미밥 (일본식 솥밥) 炊き込みご飯	032

서양요리

프랑스 식당 스타일 ... 036
이탈리아 요리 ... 039
대표적인 스페인 요리 ... 040

Lesson 08	버섯 포타쥬 수프 きのこのポタージュ	042
Lesson 09	니스 샐러드 ニース風サラダ	044
Lesson 10	스파게티 포모도로 スパゲティ・ポモドーロ	046
Lesson 11	라구소스 뇨끼 ラグーソースのニョッキ	048
Lesson 12	피자 ピッツァ	050
Lesson 13	버섯 리조또 キノコのリゾット	052
Lesson 14	부야베스 ブイヤベース鍋	054
Lesson 15	아쿠아파짜 アクアパッツァ	056
Lesson 16	오렌지 소스의 오리요리 鴨のオレンジソース	058
Lesson 17	소고기 와인 조림 牛ほほ肉の赤ワイン煮込み	060

중국요리

중국요리의 특징 ... 064

중국요리의 구성 ... 066

Lesson 18	오이초절임 きゅうりの甘酢漬け	068
Lesson 19	칭자오로스 (피망잡채) 青椒肉絲	070
Lesson 20	탕수육 酢豚	072
Lesson 21	마파두부 麻婆豆腐	074
Lesson 22	칠리새우 海老チリ	076
Lesson 23	물만두 水餃子	078
Lesson 24	모듬야끼소바 五目焼きそば	080
Lesson 25	달걀볶음밥 卵チャーハン	082
Lesson 26	깨찹쌀 도넛 胡麻団子	084

제과 · 제빵

프랑스 과자의 분류 ... 089

유럽의 명과 ... 092

Lesson 27	바닐라 디아망 쿠키 バニラ風味のディアマン	094
Lesson 28	마들렌 マドレーヌ	096
Lesson 29	애플파이 ショソン・オ・ポム	098
Lesson 30	기본푸딩 基本のプリン	100
Lesson 31	런치 롤 ランチロール	102
Lesson 32	수플레 치즈케이크 スフレチーズケーキ	104
Lesson 33	베니에 ベニエパン	106
Lesson 34	사쿠라모찌 桜もち	108
Lesson 35	쿠시당고 くし団子	110

일본요리

> 일본요리

다시

맛있는 다시를 내는 것은 매우 어려운 작업이지만, 단적으로 말하면 '양질의 다시마'와 '방금 깎아낸 가쓰오부시'를 사용하여 국물을 내는 것이 전부라고 할 정도로 그 두 가지가 가장 중요하다. 물론 좋은 물도 빠질 수 없는 요소이다.

다시를 내는 기본적인 방법(다시마와 가쓰오부시의 다시)

대량으로 다시를 낼 때는 홋카이도산 마콘부를 두세 시간 물에 담가 두고, 사용할 때마다 필요한 만큼 꺼내 냄비에 끓인다 (다시마를 넣고 물이 끓기 직전에 그것을 꺼내는 방식은 어렵고 별로 좋지 않다).

일단 약불로 줄이고 막 깎아낸 가쓰오부시를 넣은 후에 냄비의 불을 끈다. 떠오른 거품은 걷어내고 다시의 색이 맑은 연갈색이 되면 가라앉은 가쓰오부시를 걸러 준다. 이때 다시마와 가쓰오부시의 양은 요리의 용도, 국의 주재료, 또 계절에 따라 가감하기도 한다.

이렇게 우린 다시로 맛을 낸 국물은 일본요리 특유의 향미와 형용할 수 없는 청량감이 감돌며 먹는 사람들에게 큰 만족감을 준다. 쓰케다시 (다시마의 다시)에 막 깎아낸 가쓰오부시를 넣고 끓인 다시에 바로 간을 맞춰 국그릇에 담아 내는 것이 비법이다.

스이모노 (맑은 국) 용으로 이치반다시를 우려냈던 다시마와 가쓰오부시를 다시 물에 넣고 어느 정도 끓이다가 또다시 걸러낸 것을 니반다시와 삼반다시라고 하는데, 이 다시는 조림이나 미소시루용으로 사용한다.

이치반다시

1. 물을 부은 냄비에 다시마를 잠시 담가 둔다.
2. 다시마를 건져내고 불을 켜서 끓인다.
3. 불을 약하게 줄인 후 막 깎은 가쓰오부시를 넣고 불을 끈다.
4. 거품을 꼼꼼하게 걷어낸다.
5. 가쓰오부시가 가라앉으면 차분하게 걸러낸다.
6. 이치반다시 완성.

니반다시

1. 이치반다시를 우려낸 다시마와 가쓰오부시를 냄비에 넣고 물을 붓는다.
2. 끓기 시작하면 약불로 줄이고 다시마와 가쓰오부시의 감칠맛을 충분히 우려낸 뒤에 거품을 걷어낸다.
3. 걸러 주면 완성.

다시의 종류

가쓰오부시의 다시 鰹節だし
일본요리의 기초로 용도의 범위가 넓다. 맛이 담백하기 때문에 하절기용으로 쓰일 때가 많다.

다시마와 가쓰오부시의 다시 昆布と鰹節の出汁
관서와 관동을 불문하고 일 년 내내 쓰이는 대표적인 다시이다.

소다부시의 다시 そうだ節の出汁
소다부시 외에도 고등어부시, 정어리부시, 정갱이부시 등 다양한 부시를 사용한다.
면발을 먹을 때 쓰이는 쓰유로서 특별한 맛이 있다.

쇼진 다시 精神だし
야채 및 말린 식재료의 향미와 감칠맛으로 우려낸 다시. 쓰케다시, 후세다시, 표고버섯 다시 등이 있다.

국물용 멸치의 다시 出汁じゃこの出汁
아주 작은 정어리로 우려낸 다시. 가정 내에서 반찬이나 미소시루를 만들 때 사용한다.

이것도 알아두자! **요리할 때 사용하는 물에 대하여**

상질의 다시마와 가쓰오부시를 대량으로 사용한다고 해도 물이 좋지 않으면 맛있는 다시를 우려낼 수 없다. 각 재료들의 본연의 맛을 끌어내기 위해서라도 요리에는 안전하고 맛있는 물을 쓰는 것이 좋다. 요리나 음용에 좋은 물은 미생물학적·화학적으로 유해한 물질에 오염되어 있지 않고, 염소와 같은 나쁜 냄새나 맛이 나지 않으며, 미네랄 성분과 산소가 적당히 녹아 있는 물을 의미한다. 안전하고 맛있는, 천연에 가까운 물이 이상적이라고 할 수 있다. 명수라고 불리는 샘물에서 물을 떠 오거나 고성능 정수기를 쓰는 것이 가장 좋다.

> 일본요리

혼합 조미료

소금, 간장, 설탕, 식초, 된장, 청주, 미림과 같은 단독 조미료에 다른 조미료를 두 가지 이상 섞은 것의 총칭. 배합초(단 식초, 2배초, 3배초, 도사즈 등), 배합간장(쓰유, 다레, 쓰메, 사시미 간장 등), 배합미소(아까혼네리미소, 시로혼네리미소 및 그 변형) 등이 있다.

배합초 '合せ酢'

구이치　九一

'식초에 소량의 소금'을 넣은 것으로, 모든 배합초의 기본이 된다.
구이치+설탕=단 식초, 구이치+간장=2배초, 구이치+간장+설탕=3배초 등이 된다.

도사즈　土佐酢

3배초 계통의 배합초에 가쓰오부시를 넣고 끓인다. 가라앉은 가쓰오부시를 걸러 낸 맑은 식초를 식힌 것이다. 일본 요리점에서는 식당의 각 특색에 맞는 도사즈를 넉넉하게 만들어 두고 용도에 따라 분류하여 쓴다. 이것을 '가겐즈'라고 한다. 기호에 따라 식초의 2~3할 정도로 물에 희석시키거나 산도를 낮춰 사용한다.

난반즈　南蛮酢

식초, 다시, 간장 (소금), 미림 (설탕) 을 넣어 끓인 후, 맑게 거를 때 빨간 고추를 썰어 넣는다. 파, 생강, 유자 껍질 등을 다져 넣은 배합초는 진피즈라고 한다. 바삭하게 튀긴 정어리, 모래무지, 빙어, 추어 등을 난반즈에 절이면 난반즈케, 진피즈에 절이면 진피즈케가 된다.

다시즈　出汁酢

핫포다시 (다시, 간장, 미림) 에 식초, 또는 감귤식초를 섞은 것이다. '스다시'와 같은 것이지만 다시즈는 맛이 연한 편이다. 쑥갓 무침, 구운 송이버섯과 같은 담백한 맛에 어울리는 초무침 요리에 많이 사용한다. '핫포즈'라고도 한다.

바이니쿠즈　梅肉酢

우메보시 과육과 설탕을 으깨어 청주로 농도를 맞추고 체에 거른 것. 조린 미림, 요리술, 다시로 바이니쿠즈를 희석시킨 다음에 간장과 반씩 섞으면 일종의 혼합 조미료가 완성된다.

지리즈　ちり酢

감귤식초, 간장, 조린 요리술, 무와 고추를 간 모미지오로시, 송송 썬 실파를 섞은 것이다.

기미즈   黄身酢

3배초 계통의 배합초를 끓여서 녹말물로 아주 연한 농도를 낸 다음 난황을 넣고 중탕으로 끓인다. 20~30초 정도 저었다면 일단 냄비를 내려 내용물을 잘 섞는다. 그리고 다시 불에 1~2분 정도 올린 다음, 저어서 완성시킨다. 새우, 게, 흰살 생선, 닭고기, 채소 (오이, 땅두릅) 과 같은 담백한 재료와 잘 어울린다. 마요네즈를 먹듯이 쓰면 된다.

배합간장 '合わせ醬油'

쓰유   つゆ

다시에 간장 (소금), 미림 (설탕) 을 섞은 것. 소바쓰유 (메밀면용), 덴쓰유 (튀김용), 돈쓰유 (덮밥용), 오뎅쓰유 등이 있다.

소바쓰유(메밀 간장 양념)   そばつゆ

'가에시 (간장, 미림, 설탕)' 에 농도가 짙은 가쓰오부시 다시를 넣고 만든 소바용 쓰유. 모리소바용의 진한 쓰유와 가케소바용의 단맛 쓰유가 있다. 비율은 가에시가 1이라면 모리소바용은 다시가 4, 가케소바용은 다시가 8~10 정도의 비율이 일반적인데, 요리점마다 맛이 달라 그것이 그 가게의 특징이 된다. 관동에서는 '소바쓰유', 관서에서는 '소바다시' 라고 하며 요즘에는 소바쓰유라고 하는 것이 일반적이다.

다레   たれ

간장, 미림, 청주, 설탕을 기호에 따라 배합하여 맞추거나 조린 것이다. 야키토리 다레, 야키니쿠 다레, 장어의 가바야키 다레, 데리야키 다레 등이 있다. 원래는 간장, 미림, 청주, 설탕을 섞은 것을 '가케다레' 라고 하는데, 이 가케다레를 1~2할 정도 조린 것을 '데리간장' 이라고 하여 각기 용도에 맞게 사용한다. 스시 가게의 다레는 붕장어나 오징어를 끓인 물에 간장, 미림, 설탕을 넣어 조린 것을 '쓰메' 라고 한다. '붕장어나 문어에 쓰메를 바른다' 는 표현을 쓴다.

사시미간장   刺身醬油

도사간장에 간장, 다마리, 미림, 청주를 섞어 가쓰오부시와 다시마를 넣고 조리다가 걸러서 식힌다. 오랜 시간 숙성시킨 뒤 사용하면 더 맛이 좋다.

배합된장 '合わせ味噌'

아카혼네리미소   赤本煉味噌

아카미소 (가능하다면 사쿠라미소, 또는 깊은 맛을 지닌 단맛의 미소가 좋다) 에 설탕, 요리술, 미림, 물을 넣고 잘 섞어가며 조린 것. 유즈미소, 고마미소가 대표적이다.

시로혼네리미소   白本煉味噌

사이쿄미소, 설탕, 요리술, 미림, 물을 넣고 조린 것. 사이쿄미소에 난황을 넣어 살짝 익히면 다마미소, 간 산초 잎을 시로혼네리미소에 섞어 초록색을 띠면 기노메미소라고 한다. 가라시와 식초를 넣으면 가라시스미소 (누타미소) 가 된다.

> 일본요리

조리법

조리기 '煮る'

조림 요리가 간단해 보여도 재료나 양념에 따라 방식이 다양하다. 조미료를 넣는 순서가 달라지는 등 요리마다 포인트와 요령이 있다.

조림　煮物

생선, 고기, 조개류 등과 함께 채소, 말린 식재료 등을 조린 것. 관서 지역에서는 다기다시 혹은 다기아와세라고 하며, 관동 지역에서는 국물이 적고 맛이 진한 것을 니시메라고 한다. 일반적으로 국물이 적은 것을 '니루', 국물이 많은 것은 '다쿠' 라고 한다. 조림은 뚜껑 (일본어로 '후타') 이 달린 그릇에 담기 때문에 '후타모노' 라고도 한다.

다키아와세　炊合せ

관서식 조림으로 두 가지가 넘는 조림을 함께 담는다. 식재마다 가지고 있는 맛을 살리기 위해 서로 다른 냄비에 조리는 것을 원칙으로 한다. 재료의 맛과 색을 두드러지게 하기 위해 간은 약하게 하며, 맛의 농담, 색의 균형, 향의 강약과 같이 다양한 점을 고려하여 조리해야 한다.

후쿠메니　含め煮

무, 호박, 가지 등 채소와 말린 두부에 연한 간을 한 국물을 넉넉히 넣고 오랜 시간 조린다. 잠시 뜸을 들여 식재료에 맛이 잘 스며들도록 한다.

니코로가시　煮ころがし

달달하면서 짭조름하게 조린 음식을 말한다.

니쓰케　煮付

니조메, 니코로가시와 동일한 것이다.

니비타시　煮浸し

민물생선을 조리는 방법 중 하나이다. 구워서 말린 송어나 연어과의 민물고기를 연한 간장으로 오래 삶아 살코기가 부드러워질 때까지 조린다. 채소를 사용할 경우에는 재료를 손질해 두고 연한 간의 국물을 따로 끓여 그 물에 데친다. 이 방식으로 만든 요리로 쑥갓의 히타시 등이 있다.

이타메니 이리니   炒煮

미리 손질한 재료를 기름에 볶은 뒤 진하게 조린 국물에 윤기가 돌도록 조리는 조리법이다. 모둠채소 조림이나 우엉조림이 대표적이다.

아게니   揚煮

식재료를 기름에 튀긴 다음, 약간 진하게 간한 국물에 조린다. 이런 요리로 오로시니 등이 있다.

쓰쿠다니   佃煮

잔새우나 망둥어, 조개류를 간장과 미림으로 조린다. 도쿄의 쓰쿠다지마에서 만들어 팔기 시작했기 때문에 쓰쿠다니라는 이름이 붙었다.

생선 조림의 조림법

생선 양에 따라 냄비를 고른 다음, 요리술, 물, 간장, 설탕을 한데 넣고 끓인다. 생선의 앞면이 위로 오도록 깐 뒤 얇게 저민 생강을 넣는다. 조림용 속뚜껑을 덮으면 조림 국물이 고르게 스며들어 맛이 균일해진다. 또 열에 의해 생선 표면의 단백질이 바로 응고되어 감칠맛이 조림 국물로 빠져나오는 것을 막을 수 있다. 이것은 일반적인 가정용이나 반찬용으로 조리는 방법으로 생선의 신선도나 때에 따라 조림 방식이 다양하다.

이것도 알아두자!   **조림에 쓰는 다시, 핫포지 (八方地)**

채소 조림의 기본이 되는 쓰유. 주염팔방 (다시, 요리술, 소금), 미림팔방 (다시, 미림, 요리술, 소금), 우마다시핫포 (다시, 간장, 미림, 요리술)가 있다. 이러한 요리의 예로 동과를 삶아 부드럽게 만든 후 물기를 제거해 핫포지에 담그거나 삶은 우엉을 핫포지에 넣어 조린 것 등이 있다.

건조 식재료를 불리는 방법

건조시킨 식재료는 재료에 따라 불리는 방식이 다르므로 재료에 맞는 취급법을 익혀 적용시키는 것이 좋다.

말린 표고버섯

표면을 가볍게 씻어 먼지를 털어내고, 버섯이 모두 잠길 만큼 넉넉한 물에 2~3시간 정도 담가 둔다. 또 물에 충분히 삶은 다음 조리에 쓰는 경우가 많다.

고야 두부 (얼려서 말린 두부)

뜨거운 물을 그대로 부으면 두부가 갈라지므로 미리 준비해 둔 뜨거운 물에 고야 두부를 담근다. 그리고 바로 찬물을 부어 사람의 체온 정도로 물을 식힌다. 두 손으로 누르듯 짜내어 암모니아 냄새를 제거하고 찬물을 붓는데, 탁한 물이 나오지 않을 때까지 이를 반복한다.

간표 (박의 속을 파내 말린 것)　干瓢

가볍게 물로 씻은 것을 도마 위로 건져, 소금을 뿌리고 부드러워질 때까지 주무른다. 소금기는 헹궈내고 넉넉한 물에 삶는다. 용도나 간표의 양에 따라 삶는 시간을 조절하는 것도 중요하다.

굽기 '焼く'

굽기 요리에 있어 맛을 좌우하는 주요 포인트는 불의 강도와 구울 때의 시간 및 거리 조절에 있다. 생선의 경우에는 강불에, 그리고 불에서 거리를 두고 굽는다. 구울 때는 앞면이 4할, 뒤집어서 6할로 굽는 것이 기본이다. 노릇한 색감과 고소한 풍미가 나도록 굽는다.

시오야키 (소금구이) 塩焼

재료를 꼬치에 꽂아 소금을 뿌린 뒤 직화로 굽는 단순한 요리법이다. 도미 소금구이, 정어리 소금구이 등이 있다. 머리와 꼬리를 자르지 않은 채 도미를 통째로 굽는 것은 특별히 하마야키라고 한다.

데리야키 照焼

재료를 7~8할 정도 굽다가 데리쇼유 (데리야키 소스) 또는 끼얹는 다레를 2~3번씩 발라 윤기가 돌게 굽는다. 관서 지역에서는 쓰케야키라고 한다.

유안야키 幽庵焼

가다랑어, 참치, 삼치와 같은 생선을 간장1, 미림1, 청주1의 비율로 섞은 유안지 간장에 절인 뒤에 굽는다. 식어도 맛이 변하지 않기 때문에 가이세키 요리나 도시락에 많이 활용된다.

이것도 알아두자! 구시우치 (꼬치 꽂기)

생선 외관이 돋보이게 굽는 테크닉이다. 꼬치에 꽂는 방법이 목적에 따라 다르게 고안되어 있다.

- 히라구시(평행으로 꽂기): 두 개의 꼬치를 사용하여 재료에 평행, 또는 약간 벌어지게 꽂는 방법. 작은 꼬치에 토막 생선 등을 꽂는다.

- 우네리구시(휘어지게 꽂기), 오도리구시(춤추는 모양으로 꽂기): 꼬리와 머리가 달린 생선을 구울 때 꼬치에 꽂는 방법이다. 생선이 헤어치듯 몸 전체가 휘어지게 꼬치를 꽂는다. 생선의 종류 및 어떤 요리에 쓰느냐에 따라 구부리는 방법이 다르다. 생선의 뒤쪽 몸통의 턱, 눈, 입부터 꽂아 넣는 방법 세 가지가 있다. '노보리구시'는 은어, 연어과 민물고기, 무지개 송어 등의 민물생선일 경우에만 사용되는 명칭이다.

- 쓰마오리구시 : 몸통이 얇고 길쭉한 생선을 꼬치에 꽂는 방식 중의 하나. 생선의 양 끝을 구부려서 꼬치에 꽂는 방법으로 한쪽을 구부리는 방식과 양쪽을 구부리는 방식이 있다. 이와 같이 구우면 입체감이 생겨 그릇에 담았을 때 모양이 좋다.

찌기 '蒸す'

일본요리에서 찜 요리의 대표는 차완무시(계란찜). 계란을 쓰는 찜 요리를 습득하면 할 수 있는 요리의 범위가 넓어진다.

차완무시 茶碗蒸し 의 포인트

❶ 달걀과 다시의 비율을 파악한다
표준은 달걀 한 개에 다시 한 컵이다. 부드러움과 단단한 정도의 경도에 따라 다시의 양을 가감한다.

❷ 표준 조미를 이해한다
쓰유보다 맛을 약간 진하게 하고, 기호에 따라 소량의 미림을 넣어도 좋다.

❸ 재료의 종류와 다루는 방식을 알아둔다
흰살 생선 (갯장어, 도미, 광어 등) 은 끓는 물을 부어 표면을 살짝 데치고 (어육을 갈아서 가공한 제품으로 대체 가능) , 새우는 껍질을 벗긴 날것 그대로를 사용하며, 조개류 (조개관자, 키조개, 가리비 등) , 닭고기, 오리고기 등은 칼로 잘라 간장을 뿌려 간장기를 털어내고, 버섯류 (송이버섯, 표고버섯, 만가닥버섯, 팽이버섯, 약한 간으로 조린 건표고버섯 등) , 계절에 따라 군밤, 은행을 쓴다. 그 밖에 백합 뿌리, 나마후 (밀가루 글루텐을 가공한 것) , 유바 (두유를 끓여 생긴 막) , 아오미 (참나물, 시금치, 쑥갓, 콩깍지 등) 를 사용한다.
스이구치 (향을 내는 재료) 로는 유자, 산초 잎 등을 기본으로 사용한다. 근래에는 상어 지느러미나 햄, 브로콜리 등 서양, 중국의 재료를 사용하기도 한다.

❹ 찌는 법의 요령
잘못하면 '스' (바람이 든 것처럼 구멍이 뚫리는 것) 가 생기고 맛도 반감되기 때문에 신중하게 쪄야 한다. 찜기 종류, 차완 그릇의 자기 및 크기에 따라 조금씩 차이가 있는데, 이때의 중요한 포인트는 수증기가 피어오르는 찜기에 넣고 처음 1~2분은 강불로, 계란의 표면이 하얗게 변하면 약불로 줄이는 것이다. 일반적인 크기의 차완무시를 기준으로 했을 때 약 15분 정도 찌는 것이 일반적이다.

오다마키무시　小田巻蒸し

차완무시 계통 요리 중의 하나. 큰 찜기용 그릇에 삶은 우동, 닭고기, 나루토 어묵, 시금치를 넣고 계란 푼 것과 함께 찐다.
소바집, 우동집의 단골 메뉴이며, 장어 가바야키, 백합 뿌리, 은행, 가마보코 어묵, 참나물 등과 같은 고급 식재료는 사용하지 않는 것이 기본 방식이다.

구야무시　空也蒸し

본래는 정진 요리 (사찰요리) 에 두유를 넣고 쪘는데, 마지막에 녹말물로 걸쭉하게 만든 소스를 부어 생강 간 것을 올려 먹는다. 일반적으로 연두부를 큼지막하고 네모지게 썰어 간장으로 밑간을 하고 계란물을 부어서 찐다. 기호에 따라 칡전분으로 걸쭉하게 만든 물을 붓거나 소보로안 (다진고기나 생선을 볶은 것을 섞어 걸쭉하게 만든 녹말물) 을 뿌려 간 생강을 곁들인다. 새우, 은행, 나마후를 써도 된다.

튀기기 ' 揚げる'

일본요리에서 튀김이라고 하면 덴푸라를 가리킨다. 요리법은 단순하지만 제대로 튀겨 내는 것은 어렵다. 기름의 온도와 양, 튀김옷의 반죽, 덴푸라의 식재료를 다듬는 법 등 익혀야 할 여러 요령이 있다.

덴다네 天種 (튀김재료)

덴다네는 될 수 있으면 살아 있는 것, 또는 신선도가 좋은 것을 준비한다. 새우 손질과 오징어의 껍질 제거 등 식재료의 준비가 맛을 좌우한다.

냄비

두꺼운 소재에 바닥이 넓은 주물냄비, 또는 동으로 된 냄비가 좋다.

기름

기름에 따라 지닌 성질이 다르다. 두 가지 정도 섞어서 사용하는 것도 좋다. 근래에는 참기름 (太白 : 볶지 않고 짜낸 참기름) 만을 사용하는 전문점이 많다.
- 참기름 : 특유의 향과 맛을 가지고 있다.
- 식용유 : 기름이 쉽게 산화되지 않고 바삭하게 튀겨진다.
- 대두 / 땅콩기름 : 비교적 가벼운 기름이므로 참기름과 섞어서 사용해도 좋다.

기름의 온도와 양

튀길 때 적정한 온도는 170~180도 정도가 좋다. 튀김을 잘 만드는 포인트는 이 적정 온도를 끝까지 유지하는 것이다. 기름의 온도가 낮아지면 음식이 기름지게 되고 반대로 너무 올라가면 재료가 타는 원인이 된다. 재료를 넣으면 온도가 내려가는데 기름의 양이 적으면 기름 온도가 급격하게 내려간다. 온도를 일정하게 유지하려면 두꺼운 재질의 커다란 냄비에 넉넉한 양의 기름을 써야 한다.

튀김옷

보통 튀김 반죽의 비율은 달걀 한 개에 물 한 컵, 밀가루는 한 컵이 조금 넘는 정도로 맞춘다. 반죽의 농도는 눈으로 확인하고 상태로 기억해야 한다. 손가락으로 찍어 보았을 때 주르륵 흐르는 정도가 가장 좋다.

튀기는 법

반죽을 기름에 떨어뜨렸을 때 가볍게 확 퍼지는 정도가 되면 튀기기 시작한다 (기름의 온도가 낮거나 반죽이 너무 되직하면 기름에 넣었을 때 확 퍼지지 않는다). 재료에 반죽을 듬뿍 묻혀 기름 속에 가볍게 던지듯이 넣는다. 이렇게 하면 기름에 들어간 순간 반죽이 퍼지면서 떨어져 나간 튀김 반죽 (아게다마) 이 구슬처럼 위로 떠오른다. 위로 올라온 아게다마는 꼼꼼하게 건져낸다.

가키아게 (모둠튀김) 는 작은 볼에 두세 가지 분량의 재료들을 넣고, 그것들이 겨우 엉길 정도로 반죽하여 뒤섞는다. 튀김 한 개 분량을 국자로 떠서 얕은 곳부터 흘려 넣듯이 천천히 넣고 국자에 남은 반죽을 위에서 부어 준다. 형태가 갖춰질 정도로 튀겨지면 기름 깊숙이 밀어 넣는다. 중간에 뒤집어서 중심부를 젓가락으로 찔러 열이 빨리 전해질 수 있도록 한다.

- 영양성분 열량 127kcal(1 인분 기준) · 단백질 23.4 g, 지방 4.6 g, 탄수화물 0.2 g, 염분 0.4 g

- 영양 Tip

참치에는 혈액이나 근육 등을 만드는 데 필수적인 양질의 단백질이 많이 함유되어 있다. 또한 철분이나 비타민 B12등 빈혈 예방에 좋은 영양소도 풍부하다. 도미는 칼슘 흡수를 높여 뼈와 치아를 강화하는 비타민 D 외에 단백질의 대사를 돕는 나이아신을 많이 함유하고 있다. 오징어에 포함된 타우린은 콜레스테롤의 배출을 도와 생활습관병 예방에 도움이 된다.

■ **만드는 법**

1. 무, 오이는 껍질을 벗기듯 (가다랑어또는 섬유질에 따라 아주 얇게 썰기) 깎는다. 깎아썰기 한 무, 오이를 작당한 길이로 잘라 포개어 섬유질에 따라 아주 얇게 채 썰어 찬물에 5 분 정도 담가둔다.

2. 깎아썰기 후 남은 무, 오이의 중심은 스쿱으로 둥글게 도려낸다.

3. 참치는 힘줄이 옆으로 향하도록 둔다. 힘줄이 직각이 되도록 참치 몸통의 오른쪽에 칼을 놓고 당기면서 1cm 폭 정도로 평설기를 한다.

Lesson 01

모둠회
お造り

- **조리시간** 30분

- **재료** (4인분)

  참치 (생선회용 · 직사각형으로 손질된 것) … 1개(150g)
  도미 (생선회용) … 150g
  갑오징어 (생선회용) … 150g
  무 … 10cm
  오이 … 1개
  영귤 … 1개
  여뀌 (베니타데) … 적당량
  생고추냉이 (갈은 것) … 적당량
  간장 … 적당량

---

4. 도미는 껍질이 붙어 있는 쪽을 위에 놓고 칼을 당기면서 얇게 베어 썬다.

5. 오징어는 몸통의 앞면을 위로 향하게 놓고 칼을 약간 비스듬히 하여 살의 두께 2/3 정도까지 잘게 칼집을 낸다.

6. 그릇의 모둠회를 담는 부분에 **1**을 소량 놓고 그 위에 **3 · 4 · 5**를 골고루 담아 **2**를 올린 후 고추냉이, 여뀌 (베니타데), 영귤을 곁들인다.

Lesson 02

차완무시 (일본식 계란찜)

茶碗蒸し

영양성분 열량 69kcal(1 인분 기준) · 단백질 7.9 g, 지방 2.9 g, 탄수화물 2.4 g, 염분 0.8 g

영양 Tip

달걀과 가쓰오(가다랑어) 육수의 비율이 중요한 보드라운 일본의 맛. 속 재료를 듬뿍 넣으면 영양만점의 음식이다. 제철 은행은 비타민, 미네랄이 풍부하여 몇 알만 먹어도 충분하다. 새우에는 간의 활성을 돕는 타우린, 아름다운 피부를 위한 아스타크산틴이 함유되어 있다. 표고버섯은 저칼로리이며 비타민, 미네랄, 식이섬유가 풍부하여 성인병 예방에 도움이 된다.

- **조리시간** 25분

- **재료** (4인분)

  달걀 … 2 개
  가쓰오 (가다랑어) 다시 … 300ml
  소금 … 1/4 작은술
  닭고기 (안심) … 1 개 (40g)
  연간장 … 1/4 작은술
  새우살 (소) … 4 마리 (28g)
  표고버섯 (소) … 2 개 (10g)

  가마보코 (슬라이스) … 4장 (20g)
  은행 (데친 것) … 8 개
  참나물 … 4 줄기 (8g)

- **만드는 법**

  1. 볼에 달걀을 넣고 풀어준다.
     가쓰오 (가다랑어) 다시, 소금을 넣고 섞은 뒤 채에 걸러 달걀물을 만든다.

  2. 닭 안심은 힘줄을 제거하고 한 입 크기로 썰어 연간장을 뿌려 밑간을 한다.

  3. 달걀찜 그릇에 참나물 외의 재료를 넣고 1의 달걀물을 부은 뒤 참나물을 얹는다.

  4. 김이 오른 찜기에 3을 넣고 위에 면보를 얹고 냄비 뚜껑을 비스듬하게 덮은 뒤 강불로 1분, 약불로 15분간 쪄낸다 (꼬치를 찔러보아 맑은 국물이 나오면 완성).

Lesson 03

삼치와 새송이버섯 양념구이

さわらとエリンギの幽庵焼き

- **조리시간** 20분

- **재료** (4인분)

  삼치 … 4 토막 (400g)　　　영귤 … 3 개
  　　　　　　　　　　　　　무(갈은 것) … 100g
  A │ 간장 … 50g
  　 │ 청주 … 50g
  　 │ 미림 … 50g
  　 │ 다시마 … 3g

- **만드는 법**
  1. 삼치는 껍질을 벗긴 후 7~8mm두께로 얇게 저민다.
     새송이는 1cm두께의 막대 형태로 채 썬다.
     영귤은 1개는 편으로 썰고 2개는 반으로 자른다.

  2. A와 편으로 썬 영귤을 바트에 담고, 손질한 삼치를 담가 5분간 절인다.

  3. 2의 삼치로 새송이버섯을 말아준다. 종이 포일을 깐 오븐용 철판에 새송이말이 삼치를 올린 뒤 180도의 오븐에서 10분간 구워준다.

  4. 3을 그릇에 담고 영귤과 갈은 무를 곁들여 낸다.

영양성분　열량 233kcal(1 인분 기준) · 단백질 19.6g, 지방 8.5g, 탄수화물 13.0g, 염분 2.1g

영양 Tip

새송이의 쫄깃한 식감이 잘 어울리는 메뉴. 삼치는 근육과 뼈를 만드는 단백질과 몸의 대사를 돕는 비타민 B가 풍부하다. 생선의 지방은 혈액을 맑게 해주므로 자주 섭취하는 것이 좋다. 새송이는 장운동을 활발하게 하여 대장암을 예방하고 식이섬유와 비타민 B, 미네랄이 풍부하다. 버섯류는 면역력을 높이는 성분이 풍부하며 열량이 낮으므로 매일 섭취하면 좋다.

Lesson 04

방어 무조림
ぶり大根

| 영양성분 | 열량 380kcal(1인분 기준) · 단백질 23.6g, 지방 17.7g, 탄수화물 19.2g, 염분 2.3g

| 영양 Tip |

겨울철 대표적인 음식. 밑 손질이 이 요리의 맛을 좌우하는 중요한 포인트이다.
영양만점인 방어의 질 좋은 지방에는 뇌와 신경의 활성도에 도움이 되는 DHA와 동맥경화 치료에도 사용되는 EPA 등이 함유되어 있어 두뇌 및 신체 활성도를 높여준다. 무와 생강은 몸을 따뜻하게 하여 면역력을 높이므로 감기 등의 예방에 도움이 된다. 밥과 채소를 듬뿍 넣은 된장국을 곁들이면 균형 잡힌 식단이 된다.

- **조리시간** 50분

- **재료** (4인분)

방어 머리 … 400g	청주 … 150ml
무 … 1/2개 (500g)	설탕 … 2.5 큰술
생강 … 20g	미림 … 2 큰술
다시마 육수 … 적당량 (약 500ml)	간장 … 2 큰술
유자 껍질 (채썬 것) … 약간	다마리간장 … 1 큰술
	생강즙 … 약간

- **만드는 법**

    1. 끓는 물에 방어를 겉만 살짝 데쳐낸 뒤 찬물에 담가 여분의 핏물을 씻어낸다.
       생선토막이 클 경우에는 먹기 좋은 크기로 자른다.

    2. 무는 2.5cm두께로 자른 뒤 원형 또는 반달 모양으로 잘라 모서리를 쳐내고
       칼집을 넣는다. 냄비에 넣고 무가 잠길 정도의 물을 부어 끓인다.
       끓기 시작하면 약불로 30분간 조린 뒤 불을 끄고 그대로 식힌다.
       생강은 껍질을 벗기고 가늘게 채 썬다(껍질도 사용하므로 모아둘 것).

    3. 냄비에 1과 2의 생강 껍질을 넣고 청주, 다시마 육수를 넣어 센불에서 끓인다.

    4. 끓으면 거품을 걷어내고 설탕, 미림, 2의 무를 넣고 중불로 줄인 후,
       조림용 속뚜껑(오토시부타)을 덮고 15~20분간 조린다.

    5. 4에 간장을 넣고, 20분간 맛이 충분히 스며들도록 조린다.
       국물의 양이 반으로 줄어들면 무는 꺼내 둔다.

    6. 5에 다마리간장과 방어를 넣은 뒤
       조림 국물을 끼얹어가며 윤기가 날때까지 조리다가 마지막에 생강즙을 넣는다.

    7. 그릇에 담고, 채썬 생강과 유자 껍질을 올린다.

Lesson 05

닭모듬조림
炒り鶏

영양성분　열량 324kcal(1 인분 기준) · 단백질 13.2g, 지방 13.5g, 탄수화물 34.9g, 염분 2.5g

영양 Tip

뿌리채소를 듬뿍 넣어 몸을 따뜻하게 해주는 대표적인 음식이다.
컨디션이 안 좋을 때, 비타민, 미네랄, 식이섬유를 이 한 그릇으로 충분히 섭취할 수 있다. 닭고기는 단백질이 풍부하므로 밥과 함께 먹기에도 궁합이 매우 좋다. 당근이나 우엉 등의 뿌리 채소는 몸을 따뜻하게 해 주어 감기 예방에 좋다. 또 연근은 폐, 기관지에 좋아서 건조한 날씨에 알맞은 음식이다.

- **조리시간** 45분

- **재료** (4인분)

닭고기 (넙적다리살) ⋯ 1 장 (200g)	곤약 ⋯ 1/2 장 (100g)	A 육수 ⋯ 150ml
당근 ⋯ 1/2 개 (100g)	청대 완두 ⋯ 8 개 (16g)	간장 ⋯ 3 큰술
연근 (소) ⋯ 1 개 (150g)	참기름 ⋯ 2 큰술	미림 ⋯ 3 큰술
우엉 ⋯ 1/2 개 (100g)		설탕 ⋯ 1 작은술
토란 (대) ⋯ 4 개 (400g)		청주 ⋯ 2 큰술
		B 간장 ⋯ 1/2 큰술
		미림 ⋯ 1/2 큰술

- **만드는 법**

    1. 닭고기는 여분의 기름을 떼어내고,
       한 입 크기로 어슷하게 썰어 끓는 물에 가볍게 넣었다 뺀다.

    2. 당근, 연근, 우엉은 한 입 크기로 돌려가며 썰고,
       연근, 우엉은 식초를 1 작은술 넣은 물에 (분량 외) 에 담가둔다.
       당근 외에는 끓는 물에 삶아 준비한다.

    3. 건표고는 불려 기둥은 떼어내고, 큰 것은 반으로 저며썬다.
       곤약은 방망이로 두드린 뒤, 숟가락으로 한 입 크기씩 떼어서 끓는 물에 데쳐낸다.

    4. 냄비에 참기름을 두르고 가열하여 1 의 닭고기를 넣고 볶다가,
       빈스 외의 재료를 모두 넣고 볶아준다.
       재료에 기름이 고루 어우러지면 A 를 모두 넣고, 조림용 속뚜껑 (오토시부타) 을
       덮어 중간에 2~3 번 정도 냄비를 흔들어 가며 가볍게 섞어준다.

    5. 수분이 거의 없어질 정도로 조려지면 B 를 넣고 냄비를 흔들어 가며 조려낸다.

    6. 바트에 조림을 건져내고, 부채를 이용하여 부채질해가며 윤기나게 식힌다.
       그릇에 조림과 데친 청대 완두를 함께 담아낸다.

Lesson 06

덴푸라(튀김)

天ぷら

영양성분 **열량 511kcal(1 인분 기준)** · 단백질 6.6g, 지방 32.3g, 탄수화물 44.6g, 염분 2.2g

영양 Tip

바삭하고 맛있게 튀겨낸 튀김은 수제 쯔유에 찍어 먹는다. 가지의 선명한 보라색은 나스닌이라고 하는 색소 성분에 의한 색이다. 나스닌은 활성산소의 활성도를 억제하고 암이나 심장병 등의 성인병으로부터 우리 몸을 보호한다. 나스닌은 기름으로 가열, 조리하면 손실이 적고, 흡수율이 높아진다. 또한 단호박에 포함되어 있는 베타카로틴과 비타민 E도 기름과의 궁합이 좋아 흡수율을 높여준다. 가지와 단호박은 튀김에 적합한 식재료이다.

- **조리시간** 40분

- **재료** (4인분)

가지 … 2개 (140g)	**A** 다시마(4cm 정사각) … 1장	튀김옷
표고버섯 … 4개 (40g)	물 … 300ml	냉수 … 500ml
연근 … 1개 (250g)	미림 … 50ml	달걀 … 1개
피망 … 2개 (80g)	간장 … 50ml	박력분 … 200g
시소(차조기잎) … 4장	가쓰오부시 … 10g	
밀가루 … 적당량		
	갈은 무 … 적당량	
	튀김 기름 … 적당량	

- **만드는 법**

  1. 냄비에 **A**를 넣고 중불로 끓이다가 약불로 2~3분 조린 뒤, 면보를 깔은 채반에 걸러낸다.

  2. 가지는 작으면 4등분, 크면 모양대로 동그랗게 썰고 표고버섯은 기둥을 자른다.

  3. 단호박은 씨를 제거하고 1.5cm 두께로 썰고, 연근은 껍질을 벗겨 1cm 두께로 동그랗게 썬다.

  4. 피망은 꼭지를 떼어내고 세로로 4등분한다.

  5. 볼에 차가운 물, 달걀을 넣고 거품기로 섞다가 숟가락으로 표면의 기포를 걷어낸다.

  6. 시소 외의 재료에 조리용 붓으로 밀가루를 바른다.

  7. 6의 채소에 튀김반죽을 입히고 170도로 가열한 기름에서 바삭하게 튀겨낸다. (시소는 한면만 튀김반죽을 묻혀 튀긴다.)

  8. 시소는 바삭하게 튀겨지면 건져내고, 나머지 채소는 거품이 적어지고 젓가락으로 집었을 때 가벼운 소리가 나면 밧트에 건져 기름을 뺀다.

Lesson 07

다키고미밥(일본식 솥밥)

炊き込みご飯

영양성분   **열량 363kcal(1 인분 기준)** · 단백질 13.0 g, 지방 7.2 g, 탄수화물 62.2 g, 염분 1.1 g

영양 Tip

죽순은 식이섬유가 풍부해 장운동을 도와 변비 해소에 좋다. 혈액순환 촉진에 도움이 되는 비타민 E도 포함되어 있으므로 냉증 예방 및 개선에 도움이 된다. 또한 곤약에 함유되어 있는 식이섬유의 글루코만난에는 정장작용이 있어 당과 콜레스테롤 흡수를 억제하는 효과가 있다.

- **조리시간** 35분 (물에 불리는 시간 · 취사 시간 제외)

- **재료** (4인분)

  쌀 … 2컵
  죽순 (소) … 1/2 개 (50g)
  표고버섯 (말린 것) … 2 장
  유부 … 1 장 (20g)
  곤약 (소) … 1/3 장 (50g)
  당근 … 1/4 개
  닭고기 (다리살) … 1/2 장
  육수 … 300ml

  A | 간장 … 1 큰술
    | 청주 · 미림 … 각 1/2 큰술
    | 설탕 … 1 작은술
  육수 … 적당량 (1컵 분량)
  소금 … 1/4 작은술
  산초잎 … 8장

- **만드는 법**

  1. 쌀을 씻어 20~30 분간 물에 불린 뒤 채반에서 물기를 뺀다.

  2. 죽순의 이삭 끝은 십자썰기로, 밑동은 긴 직사각형으로 잘라 (어느 쪽도 2~3mm 두께) 끓는 물에 가볍게 데쳐 채반에 올린다.

  3. 건표고는 불려 기둥은 떼어내고 얇게 썬다. 유부는 기름을 빼고 잘게 썬다.
     곤약은 유부와 마찬가지로 썬 후 끓는 물에 가볍게 데쳐낸다.

  4. 당근은 3~4cm 길이로 채 썰고, 닭고기는 잘게 썬 뒤 1.5~2cm 로 네모지게 자른다.

  5. 냄비에 2·3 과 육수 (300ml) 를 넣고 팔팔 끓으면 A 를 넣고 중불에서 5 분 정도 조린다. 4 를 넣고 약한 불로 2~3 분 끓인 뒤 채반에 올려 속재료와 조린 국물로 나누어 열을 식힌다.

  6. 5 의 조린 국물과 육수를 합쳐 360ml 가 되도록 한다.

  7. 밥솥의 내솥에 1·6 과 소금을 넣은 후 한 번 섞고, 5 의 재료를 얹어 밥을 짓는다.

  8. 밥이 지어지면 전체적으로 섞어낸 후 그릇에 담아 산초잎을 얹는다.

서양요리

> 서양요리

프랑스 식당 스타일

레스토랑에서 카페까지

프랑스, 특히 수도 파리에서는 외식 행선지를 찾을 때 곤란할 일이 없다. 길거리 굴 요리 판매대부터 최고급 호텔 다이닝까지 식사를 즐길 만한 곳이 하늘의 별만큼 많기 때문이다. 사람들은 제각기 목적과 그날의 기분에 따라 가게를 선택하고, 음식을 먹으면서 일행들과 수다를 떤다. 당신이 만약 프랑스에 가게 된다면 어떤 곳으로 발을 내딛게 될까?

레스토랑 Restaurant

레스토랑은 상질의 서비스와 고급스러운 분위기에서 본격적인 요리를 즐길 수 있는 곳이다.

프랑스에는 수많은 레스토랑이 있다. 예약이 필요한 고급 레스토랑부터 부담 없이 들어갈 수 있는 가정적인 분위기까지 가게의 스타일이 다양하다. 이렇게 후보가 다양하니 취향이나 목적에 맞는 가게를 찾는 일이 어려울 수밖에 없다. 바로 이럴 때 가이드북이 필요하다. 특히 별점으로 등급을 나누는 '미슐랭'은 신뢰도가 높아 일본을 포함한 여러 나라에서 발행되고 있다. 실제로 미슐랭에 실린 인기 가게들은 예약이 어려운 데다 찾는 사람들이 프랑스 안팎에서 끊이질 않는다.

서비스와 분위기는 가게마다 주는 인상이 크게 다르다. 많은 스태프들이 제공하는 세심한 서비스와 훌륭한 인테리어와 조리 도구를 중요시하는 호화로운 레스토랑과 소수 직원들이 주는 소박하고 따뜻한 응대, 옛 분위기를 그대로 간직한 독채의 가게가 대비된다. 이렇게 스타일이 달라도 풀코스 요리가 나온다는 점은 어느 식당이나 공통적이다. 그래서 디너의 경우에는 가게에 들어가 식사를 마칠 때까지 최소 세 시간은 걸린다. 또 레스토랑의 식사는 드레스 코드와 매너라는 특유의 규칙이 있다. 하지만 그것은 사람들 모두가 기분 좋게 식사를 하기 위한 규칙일 뿐이다. 식사의 분위기를 어지럽히는 옷차림이나 언행을 자제하고 자연스럽게 자리에 임한다면 아무런 문제가 없다.

오베르주 Auberge

'숙박 시설이 딸린 레스토랑'이라는 뜻으로, 말 그대로 식사를 한 후에 묵을 수 있는 객실을 운영하는 레스토랑을 가리킨다. 오베르주의 발상지인 프랑스에는 많이 존재한다. 향토적인 요리를 하는 가정적인 분위기의 숙소부터 풀코스 디너를 제공하는 고급스러운 레스토랑 호텔까지 스타일 또한 다양하다. 하지만 어느 가게나 시간과 일상을 잊고 식사를 만끽할 수 있는 공간이라는 점에서는 공통적이다.

오베르주에도 미슐랭의 별점이 붙은 곳들이 있다. 정통 레스토랑과는 스타일이 다르고 입지가 교외에 압도적으로 많은 오베르주에도 미슐랭이 있다니? 그런 의문을 가질지도 모른다. 원래 '기드 미슐랭'은 미슐랭사 제품의 타이어 애용자들에게 배포하는 드라이브용 가이드북이었다. 고객들이 숙박을 위해 교외로 드라이브를 나가는 경우도 있어 그에 대응하는 시설의 소개도 필요했다. 결과적으로 각 지방의 오베르주를 다루게 되면서 가이드의 특색이 짙어진 현재도 변함없이 다양한 곳이 평가 대상으로 소개되고 있다.

비스트로 Bistro

비스트로는 일본어로 직역하면 '선술집'으로, 실제로는 레스토랑보다 부담 없는 가격과 비교적 캐주얼한 분위기에서 식사를 만끽할 수 있는 곳이다. 과거에는 테이블 간의 간격이 좁고 가정적인 분위기를 가진 가게가 주류를 이루었다. 일본에서도 그 이미지를 바탕으로 비스트로라는 간판과 간편함을 앞세운 가게가 유행하기도 했다. 하지만 최근에는 다양한 스타일의 가게가 등장하면서 비스트로를 일괄적으로 설명하기 어려워졌다.

근래 나타난 스타일은 '비스트로'라는 간판 아래 레스토랑 수준으로 가격을 책정하는 가게이다. 고급 레스토랑이 비스트로 자매점을 열거나 식당에서 독립한 셰프가 1호점으로 비스트로를 시작하는 경우가 늘고 있다. 일률적인 가격에 여러 종류의 전채, 메인, 디저트를 선정할 수 있는 가게도 많아졌다. 어쨌거나 레스토랑보다 가볍게 방문할 수 있는 곳이 비스트로이다.

영업 시간은 레스토랑과 비슷하다. 맛있다고 소문난 곳과가 보고 싶은 가게는 예약하고 방문하는 것이 좋다. 저렴한 가격의 비스트로에서는 팁이 필요하지 않다고 알려져 있다. 친절한 응대에 감사의 마음을 표하고 싶을 때는 지불 금액의 10%를 주고 나오면 된다.

브라스리 Brasserie

원래는 호프집이라는 의미이다. 카페와 레스토랑을 겸한 느낌으로, 독일과 국경을 맞대는 알자스 지방 출신의 사람들이 파리에 가게를 연 것이 시초라고 한다. 브라스리의 매력 중에 제일 먼저 들고 싶은 것은 이른 아침부터 심야까지 영업을 한다는 점이다. 24시간 영업으로 연중무휴인 가게도 있다.

또 다른 매력은 역시 요리에 있는데 브라스리 하면 '슈크루트'라고 할 정도로 유명한 음식이 있다. 독일색이 강한 이 요리는 소금에 절여 발효시킨 양배추를 소시지, 베이컨과 함께 끓인 것으로 모든 브라스리가 손님들의 식탁에 푸짐하게 올라간다. 또 하나의 정석은 바로 굴 요리이다. 가게 밖에다 굴과 조개류를 진열해 놓고 가판대에서 에까이예(굴 까기)장인들이 하나씩 껍질을 벗겨 접시에 담는다. 듬뿍 담은 해산물 모둠은 현지인인 프랑스 사람들에게도 뛰어난 성찬이다.

브라스리는 영업 시간이 긴 데다 좌석이 많고 한 가지 메뉴부터 주문할 수 있어 손님들이 이용하기 좋은 조건들이 잘 갖추어져 있다.

카페 Café

프랑스 카페는 커피 한잔부터 와인, 가벼운 식사까지 즐길 수 있는 곳이다. 대부분의 카페는 파리에 집중되어 있으며 예술가와 사상가들이 서재 대신 이용해 온 역사 및 개방적인 테라스석 구조는 파리의 풍물시에 비유되기도 한다. 대표적인 음료는 커피가 있다. 그러나 여기서 '커피'로 제공되는 것은 데미타스 잔에 담긴 에스프레소(espresso)이다. 음식은 크로크무슈(croque-monsieur)로, 햄과 치즈를 끼운 식빵 위에 또 치즈를 올려 구운 것이다. 크로크마담(croque-madame)에는 계란프라이가 올라가 있다.

카페의 특징은 건물의 구조에 있다. 인테리어에 각별히 신경을 쓴 콘셉트 카페를 제외하면 대부분의 가게에는 점포 앞에 내놓은 테라스석, 다소 어두운 실내 테이블석, 그리고 완만한 커브를 그리는 카운터석을 두고 있다. 어디에 앉을지는 손님의 자유이다. 하지만 극히 일부 가게를 빼면 자리에 따라 요금이 달라진다. 카운터석이 가장 저렴하며 실내석, 테라스석의 순서로 요금이 올라가는 것이 일반적이다.

살롱 드 테 Salon de The

살롱 드 테는 주로 홍차를 즐기기 위한 찻집으로, 대부분의 가게가 마카롱과 케이크 같은 수제 디저트를 두고 있다. 카페와의 차이점은 매장의 구조에 있다. 살롱 드 테는 모든 좌석이 착석식으로 되어 있고 테라스석은 마련되어 있지 않다. 규모도 카페와 비교하면 아담한 곳이 많다. 그 외에도 카페는 한 끼 식사가 가능하지만, 이곳은 수제 과자와 가벼운 식사가 중심적으로 이루어진다. 폐점 시간도 빨라 대부분의 가게가 오후 7시면 문을 닫는다. 살롱 드 테는 어디까지나 차와 과자를 즐기기 위한 가게인 것이다.

또 근래에는 실력 있는 쇼콜라티에들이 독립하면서 살롱 드 테를 여는 경우가 늘고 있다. 프랑스는 오래전부터 홍차와 쇼콜라를 함께 즐겨 왔기 때문에 그 영향이 크다. 쇼콜라도 살롱 드 테에서는 훌륭한 수제 과자 중 하나이다.

크레프리 Crêperie

명칭에서 상상할 수 있듯이 크레페 가게를 말한다. 그렇다곤 하지만 하라주쿠의 다케시타 거리에 늘어선, 점포 앞에서 서서 먹는 크레페 가게와는 전혀 다르다. 세련된 건물 안에서 차나 발포 사과주인 시드르(cidre)와 함께 크레페를 먹는 크레페 전문 레스토랑이다.

크레이프도 하라주쿠의 것과는 큰 차이가 있다. 일본에서 크레프라고 하면 일단 밝은 노란색을 띤 얇은 디저트용 밀가루 반죽을 떠올릴 것이다. 하지만 프랑스 크레프리에서 대부분의 메뉴를 차지하는 크레이프는 메밀가루로 만들어져 있어 차분한 색감을 띤다. 또 밀가루 반죽은 살짝 달게 마무리되는 반면, 메밀가루 반죽은 바삭바삭하고 짠맛을 띤다. 이 짭짤한 반죽은 갈레트(galette)라고 하는데 원래는 프랑스 북쪽 브르타뉴 지방의 요리였다. 브르타뉴 지방 사람들이 기차로 파리에 오게 되었을 때 갈레트가 파리에 전해졌고 당시 종착역이었던 몽파르나스를 중심으로 눈 깜짝할 사이에 전역으로 퍼졌다. 이 갈레트로 다양한 재료를 싸서 먹는 것이 크레프리 스타일이다. 채소와 햄을 싸서 먹으면 식사, 잼 같이 단것을 싸서 먹으면 디저트가 되므로 다양하게 즐길 수 있다.

번 외 : 일반 가정에서는

파리에는 엄청나게 많은 레스토랑이 있다. 최근에는 유명한 레스토랑이 지방에도 많이 생겨나고 있다. 그러나 프랑스인들은 예로부터 가정의 식탁을 소중히 여겨왔다. 1970년 대 초반에는 시간의 제약을 많이 받았던 파리의 가정에서도 온 가족이 점심시간에 들어와 식탁에 둘러앉아 식사하는 모습을 볼 수 있을 정도였다. 식탁을 꾸밀 요리에 대한 열정도 만만치 않다. 주부는 물론 남성이나 독신도, 풍부한 식재료가 즐비한 시장과 슈퍼마켓에서 장을 보는 데 전념한다. 많은 사람들이 자신의 미각과 솜씨에 자신을 갖고 있으며 요리에서 손을 떼지 않는다. 어떤 사정이 생겨 레토르트 식품이나 통조림을 사용할 때에도 그대로 내오지 않고, 반드시 일련의 과정을 거쳐 본인과 가족들이 원하는 맛을 만들어낸다.

주말 피크닉에도 그 열정은 어김없이 발휘된다. 외출 시에는 소금에 절인 돼지고기, 파이, 샐러드 등 가족들이 잘 먹는 음식을 지참한다. 물론 빵과 바비큐를 위한 고기도 빼놓을 수 없다. 가족이나 친한 친구들과 자연 속에서 보내는 즐거운 한 때에 분위기를 띄울 수 있는 맛있는 식사는 무척 소중하기 때문이다.

다만, 현지 일반 가정의 식탁을 들여다볼 만한 기회는 그리 많지 않다. 하지만 시장이나 슈퍼마켓을 돌아다니면 그들의 생활을 엿볼 수는 있다. 풍부한 식재료를 눈앞에 두면 놀랍고 새로운 발견을 만날 수 있을지도 모른다. 그러니 프랑스를 방문하게 되면 관광 명소와 함께 현지인들이 드나드는 가게들도 눈여겨 보자. 그리고 프랑스 사람들과 친해져서 저녁 식사에 초대를 받았다면 기꺼이 응하는 것이 좋다. 프랑스인들은 집안의 식탁에서 이루어지는 대화를 타인과의 커뮤니케이션으로 무엇보다 중요하게 여긴다. 그렇게 중요한 자리에 초대 받았다는 것은 당신이 그들의 친구로 인정받았다는 의미이다. 그 기회를 통해 프랑스 사람들의 식생활을 직접 경험해 볼 뿐만 아니라 국경을 초월한 돈독한 우정으로 멋진 추억을 쌓기를 바란다.

> 서양요리

이탈리아 요리

이탈리아 요리는 우리나라에서 프랑스 요리에 버금가는 인기를 자랑한다. 그중에서도 토마토와 파스타는 이탈리아 요리의 대표적인 소재로 널리 알려져 있으며, 레스토랑의 간판 메뉴로 많이 등장하고 있다.

하지만 토마토와 파스타가 이탈리아 요리계의 무대에 나타난 것은 18세기에 들어와서였다. 그 이전의 이탈리아는 이미 유럽 내에서 고도의 음식 문화를 가진 나라로 알려져 있었다. 로마시대부터 삼시 세끼의 습관을 가지고 있었으며, 그중 한 끼는 두세 시간에 걸쳐 즐겼다고 한다. 당시의 조미료로서 액젓과 비슷한 가룸(garum)과 올리브오일, 꿀 등이 사용된 것으로 보아 식재료도 풍부했다는 것을 알 수 있다.

시대가 중세에 들어서서도 고도의 식문화는 유지되었다. 당시 서양의학의 선구지로 이름이 높았던 남부 이탈리아 살레르노에서는 의학과 음식이 같은 기원을 갖는다며 의사에 의해 『살레르노 양생훈』이 편찬되어 설파되었다. 1533년에는 카트린 드 메디치가 후일 프랑스 국왕 앙리 2세와 결혼했고 그녀와 동행한 요리사들에 의해 이탈리아의 최신 요리 기술이 프랑스에 전해졌다. 이 결혼을 계기로 오늘날 프랑스 요리의 기초가 마련되었고, 보다 세련된 요리로 발전할 수 있게 되었다.

그런데 이탈리아 음식은 18세기에 큰 전환기를 맞으면서 프랑스 음식과는 전혀 다른 방향으로 변화해 간다. 그 전환기를 가져온 식재료가 대항해 시대에 남미에서 이탈리아로 운반된 토마토이다. 당초 관상용으로 키워졌던 토마토는 나폴리 사람들에 의해 품종이 개량되어 18세기에 식용이 나타나게 되었다. 그와 같은 시기에 파스타 생산의 공업화가 진행되었고, 19세기에는 유럽 각국과 미국에 수출할 정도로 번성했다. 당연히 토마토와 파스타가 요리에 미치는 영향도 커졌고, 그때부터 그 재료들이 이탈리아 요리의 대명사가 된 것이다.

그렇다고 해서 토마토가 모든 이탈리아 요리에 사용되는 것은 아니다. 토마토 재배가 활발한 남부에서는 토마토를 많이 사용하지만 북부에서는 요리에 버터를 많이 쓴다. 즉, 그 지역의 기후와 풍토, 식재료에 맞는 요리가 이탈리아 각지의 향토 요리로 독자적인 발전을 이루었고 그것이 오늘날의 이탈리아 요리에 이르게 된 것이다.

이탈리아는 슬로푸드 운동의 발상지이기도 하다. 슬로푸드 운동이란 '패스트푸드화되는 현대의 식생활을 더 즐겁게, 맛있게, 기분 좋게 하자!'는 목적으로, 식문화 의식의 향상을 위해 노력하는 활동을 말한다. 예로부터 전해져 내려오는 제조법과 지역에 뿌리를 둔 전통적인 수제 식품을 다시 살펴보고 이를 활용한 향토 요리를 전승받는 것으로 이탈리아 요리 전반이 슬로푸드의 원천으로 세계의 주목을 받고 있다.

이것도 알아두자! **카르파초는 '빨강과 하양'**

이탈리아 베네치아에서 카르파초가 탄생한 것은 1950년의 일이다. 소 등심의 날고기에 흰 소스가 뿌려진 이 요리가 처음 만들어진 것은 세계적으로 유명한 '해리스 바'에서였다. 르네상스기의 화가 비토레 카르파초는 빨간색과 하얀색의 대비가 아름다운 그림을 그리고 있었다. 이 색조로 등심 고기와 소스를 그린 데에서 화가의 이름이 그대로 요리명이 되었다는 경위가 있다. 지금은 소 등심 대신 참치나 넙치를 쓰는 일이 많아졌다. 원래 날생선을 먹어온 일본인에게는 비교적 자연스럽게 받아들여지는 요리 중의 하나이다.

서양요리

대표적인 스페인 요리

스페인 요리의 기본은 가정 요리에 있다. 최근에는 세련된 요리가 주류를 이루고 있지만 바스크와 카탈루냐 지방을 제외하면 음식에 대한 화제가 많지는 않다. 스페인 요리는 다음과 같이 여섯 가지로 분류할 수 있다.

- 북부의 해안 지방은 소스를 많이 사용한 요리
- 피레네 산맥 주변에서는 토마토, 피망, 양파로 만든 '칠린드론'이라는 소스를 사용한 조림 요리
- 카탈루냐 지방에서는 옹기에 끓인 카주엘라 요리
- 동부 발렌시아 지방은 쌀 요리
- 안달루시아 지방에서는 튀김
- 내륙 지방에서는 로스트 요리가 중심이 되어 있다.

세계적으로 유명한 스페인 음식은 파에야(paella), 가스파초(gazpacho), 또르띠야 데 파타타(tortilla de patata) 등을 들 수 있다. 하지만 그 밖에도 현지인들에게 사랑받는 요리들이 많고 그 중에서도 조림 요리는 스페인을 대표하는 요리라고 할 수 있다. 그 호칭은 코시도(cocido), 오야(olla), 에스꾸데야(escudella)로 지방에 따라 다르고 약간의 차이는 있지만 모두 스페인에 뿌리를 둔 가정식 요리이다.

Lesson 08

버섯 포타쥬 수프

きのこのポタージュ

> **영양성분** 열량 146kcal(1 인분 기준) · 단백질 4.5g, 지방 12.3g, 탄수화물 5.6g, 염분 0.9g

> **영양 Tip**

우유를 듬뿍 넣어 끓여 낸 부드러운 버섯 포타쥬 수프이다. 3종류의 버섯을 듬뿍 넣어 향기롭게 끓여 냈다.
버섯류는 열량이 낮고 채소와 마찬가지로 식이섬유, 비타민, 미네랄이 풍부하다. 특히 식이섬유는 장운동을 도울 뿐 아니라 혈액 중 또는 간의 콜레스테롤을 낮추는 데 도움을 주므로 동맥경화의 예방을 위해 섭취하면 좋다. 버섯에는 수용성 영양소가 함유되어 있으므로 찌거나 조릴 때 나오는 국물도 함께 먹는 것이 좋다. 또 구아닐산이라는 감칠맛을 내는 성분이 들어있어 깊은 맛을 지닌 포타쥬 수프를 끓일 수 있다. 또한 우유는 칼슘의 공급원이며 이와 뼈를 강화시켜주므로 성장기 어린이는 물론 뼈가 약한 고령의 분들에게도 도움이 되는 식품이다.

- **조리시간** 30분

- **재료** (4인분)

표고버섯 … 5 장 (50g)	우유 … 1 컵
만가닥버섯 … 1/2 팩 (50g)	소금 … 1/3 작은술
새송이버섯 … 1 개 (50g)	우유 또는 생크림 … 적당량
베이컨 … 50g	처빌 … 적당량
버터 … 15g	
양파 … 1/4 개 (50g)	
물 … 1 컵	

- **만드는 법**

    1. 표고버섯은 기둥을 잘라내어 슬라이스하고
       만가닥버섯은 뿌리 쪽은 제거한 후 성글게 썰고
       새송이와 양파는 얇게 슬라이스한다.
       베이컨은 얇게 채 썰어 팬에서 바삭하게 볶아낸다.

    2. 냄비에 반 분량의 버터를 두르고, 양파를 약불에서 볶는다.
       숨이 죽어 투명해지면 1의 버섯을 넣고 가볍게 볶다가,
       소금을 약간 (분량 외) 넣고 섞어준다.

    3. 2에 물을 붓고 뚜껑을 덮어 10~15분간 끓인다.

    4. 3을 식힌 뒤, 믹서에 넣고 갈아준다.

    5. 4를 냄비에 넣고 1의 베이컨 1/2 분량, 우유를 넣고 가열하여
       따뜻해지면 남은 버터와 소금을 넣어 간을 맞춘다.

    6. 그릇에 수프를 담고 50℃에서 데워 거품을 낸 우유 또는
       가볍게 거품 낸 생크림을 올린 뒤 베이컨, 처빌을 올린다.

Lesson 09

니스 샐러드
ニース風サラダ

- **조리시간** 40분

- **재료** (4인분)

감자 … 1 개 (150g)	양파 … 1/4 개 (50g)	A 화이트 와인 비니거 … 1.5 큰술
청대 완두 … 8 개 (80g)	블랙 올리브 … 8 개	머스터드 … 2 작은술
토마토 … 1 개 (200g)	삶은 달걀 (웨지모양) … 2 개	후추 … 약간
오이 … 1/2 개 (50g)	앤초비 … 2 장	올리브오일 … 6 큰술
상추 … 4 장 (80g)	참치 … 1 캔 (70g)	

- **만드는 법**

1. 감자는 삶아 껍질을 벗겨서 1cm 두께로 동그랗게 썰고 청대 완두는 끓는 물에 데쳐 찬물에 담군 뒤 채반에서 수분을 빼고 2~3 등분으로 어슷썬다.
토마토는 세로로 썰고
오이는 필러로 껍질을 듬성듬성 벗겨 5mm두께로 송송 썬다.
상추는 먹기 좋은 한입 크기로 찢는다. 양파는 얇게 슬라이스하여 찬물에 담궈 가볍게 헹군 뒤 다시 채반에 받쳐 물기를 뺀다.
블랙 올리브는 5mm두께로 동그랗게 송송 썰고 앤초비는 성글게 다진다.

2. 볼에 **A**를 넣고 섞어 드레싱을 만든다.

3. 볼에 감자, 오이, 청대 완두, 토마토, **2**의 드레싱(1큰술)을 넣고 버무린다.

   | **포인트** : 맛이 잘 스며들지 않는 재료부터 드레싱으로 버무린다.

채소를
풍부하게 사용한
화사한 샐러드

영양성분   열량 314kcal(1 인분 기준) · 단백질 8.8g, 지방 25.5g, 탄수화물 11.7g, 염분 1.9g

영양 Tip

남프랑스 니스의 채소가 듬뿍 들어가 화사한 전통 샐러드이다. 감자는 비타민 C, 칼륨이 풍부하게 함유되어 있다. 감자의 비타민 C는 전분질에 의해 보호되고 있어 가열 조리를 해도 손실이 적은 것이 특징이다. 칼륨은 여분의 염분을 체외로 배출하여 혈압을 내리고 수분 조절을 하는 데 도움을 주어 고혈압과 붓기 예방 등에 효과적이다. 토마토는 강한 항산화력을 가지고 있어 폐암, 전립선암, 위암, 자궁암 등의 예방에 효과가 있다. 또 토마토나 청대 완두에 함유되어 있는 베타카로틴과 감자의 비타민 C를 함께 섭취하면 아름다운 피부를 만드는 데 도움을 준다.

Lesson 10

스파게티 포모도로

スパゲティ・ポモドーロ

영양성분 **열량 426kcal(1 인분 기준)** · 단백질 12.8g, 지방 11.1g, 탄수화물 66.5g, 염분 3.3g

영양 Tip

포모도로는 이탈리아어로「토마토」를 뜻한다. 토마토를 조려서 만드는 농후한 감칠맛의 토마토소스는 엄마의 손맛을 느낄 수 있는 이탈리아의 대표적인 가정 요리이다. 토마토에는 강한 항산화 작용이 있는 베타카로틴, 비타민 C, 비타민 E, 라이코펜이 풍부하게 함유되어 있어 노화나 성인병을 예방한다. 베타카로틴, 비타민 E, 라이코펜과 함께 유지류를 함께 섭취하게 되면 흡수율을 높일 수 있어 토마토와 올리브오일은 궁합이 매우 좋다.

- **조리시간** 30분

- **재료** (2인분)

  스파게티 … 330g
  바질 … 약간
  파마산치즈 … 약간

  토마토소스 (만들기 편한 분량: 700g)

  토마토 통조림 … 2 캔 (800g)
  양파 … 1 개 (200g)
  마늘 … 2 알 (10g)
  올리브오일 … 4 큰술
  소금 … 1 작은술

- **만드는 법**

  1. 토마토 통조림은 나무 주걱으로 으깬다. 양파는 다지고 마늘은 으깬다.

     포인트 : 이때 식감을 좋게하기 위해서 토마토의 꼭지 부분을 떼어낸 후 으깨면 좋다.

  2. 팬에 마늘, 올리브오일을 넣고 향을 내며 볶는다.
     마늘이 노르스름하게 익으며 향이 올라오면 양파를 넣고
     색이 투명해질 때까지 천천히 볶는다.

  3. 1의 토마토 통조림을 넣고 약불로 10분간 끓이다가 소금으로 간을 한다.

  4. 냄비에 물을 듬뿍 넣고 소금(물의 양의 1%정도)을 넣고,
     스파게티면 봉투에 쓰여져 있는 시간보다 1분 짧게 삶아 채반에 건진다.

  5. 팬에 3의 토마토소스(500g)를 넣고
     끓으면 4의 스파게티와 면수(3큰술)를 넣고 빠르게 버무린다.

  6. 그릇에 담은 뒤 바질을 올리고 파마산치즈를 뿌려 완성한다.

Lesson 11

라구소스 뇨끼
ラグーソースのニョッキ

영양성분 **열량 573kcal(1 인분 기준)** · 단백질 20.3g, 지방 27.3g, 탄수화물 48.6g, 염분 2.3g

영양 Tip

감자는 피부 염증 예방에 효과적인 비타민 C가 풍부하다. 감자에 함유되어 있는 비타민 C는 전분에 의해 보호되어 가열로 인한 손실이 적고 충분한 영양섭취가 가능하다.

- **조리시간** 50분

- **재료** (4인분)

감자 (껍질 깐 것) … 300g
A | 파마산치즈 … 2 큰술
  | 소금 … 한꼬집

박력분 … 150g ~
올리브오일 … 3 큰술
마늘 (다진 것) … 1 알 (5g)
소, 돼지 다짐육 … 300g
소금 (밑간용) … 1 작은술
굵은 후추 … 약간

양파 (다진 것) … 1/2 개 (100g)
샐러리 (다진 것) … 1/3 개 (33g)
당근 (다진 것) … 1/2 개 (75g)
말린 표고 (불려서 다진 것) … 2 장
레드 와인 … 250 ml
토마토 통조림 (홀 토마토) … 1 캔 (400g)
소금, 후추 … 약간
버터 … 10g
이탈리안 파슬리 (성글게 다진 것) … 적당량

- **만드는 법**

1. 감자는 꼬치로 찔러 속까지 들어갈 정도로 완전히 삶아주고
   채반에 건져 뜨거울 때 껍질을 벗긴다. 볼에 넣고 으깨어 **A**를 넣고 섞어
   체에 내린 박력분을 조금씩 넣어가며 점성이 생기지 않게 가볍게 반죽하여
   한입 크기로 동그랗게 빚은 뒤 포크로 눌러 모양을 낸다.

2. 끓는 물에 소금(분량 외)을 넣고 **1**을 삶는다.
   삶아 건져 물에 담궈 식힌 뒤 체에 받쳐 물기를 빼고
   올리브오일(분량 외)로 버무려 둔다. 삶은 물 100ml는 따로 담아둔다.

   ▎**포인트** : 가라앉은 뇨끼가 떠오르고 1~2분이 지나면 익었다는 신호.

3. 간 고기에 소금 1작은술과 굵은 후추를 뿌린다.
   팬에 올리브오일, 마늘을 넣고 약불로 가열한다.

4. 마늘 향이 우러나면 양파, 샐러리, 당근, 표고버섯을 넣고 천천히 볶아준다.
   다짐육을 중불에서 볶다가, 색이 나기 시작하면 레드 와인을 넣고 알콜을 날리고
   토마토 통조림을 으깨면서 넣어 15분간 끓이다가 소금, 후추로 간을 맞춘다.

5. **4**의 라구소스를 데워 **2**의 덜어둔 뇨끼 삶은 물, **1**의 뇨끼, 버터를 넣는다.
   그릇에 담고 이탈리안 파슬리를 뿌린다.

Lesson 12

피자

ピッツァ

영양성분 열량 827kcal(1인분 기준) · 단백질 35.1 g, 지방 33.7 g, 탄수화물 100.2 g, 염분 5.2 g

영양 Tip

토마토는 리코펜과 β-카로틴이 풍부하게 함유되어 있다. 두 영양소 모두 강력한 항산화 작용을 하여 면역력을 향상시키고 건강에 도움이 된다. 시금치는 빈혈을 예방하는 엽산과 철 등의 영양소가 풍부하고 콜라겐을 만드는 데 필요한 비타민 C가 함유되어 있어 피부미용 효과를 기대할 수 있다.

- **조리시간** 40분 (발효 시간 제외)

- **재료** (4인분)

피자반죽

A | 강력분 … 300g
  | 박력분 … 250g
  | 드라이 이스트 … 3g
  | 소금 … 13g
  | 설탕 … 9g

미지근한 물 … 280g

시금치소스 (2장분량)

시금치 … 50g
크림 치즈 … 30g
올리브오일 … 30g
소금·굵은 후추 … 적당량
모차렐라치즈 … 1개
판체타 … 80g
파마산치즈 … 20g

토마토소스 (2장분량)

홀 토마토 (통조림) … 200g
바질 줄기 … 약간
올리브오일 … 1/2 작은술
소금 … 1/2 작은술
바질잎 … 10~12 장
모차렐라치즈 … 1 개
파마산치즈 … 약간
올리브오일 … 약간

- **만드는 법**

피자반죽 만들기

1. 볼에 **A**를 넣고 손으로 섞어준다. 미지근한 물을 넣고 하나로 뭉쳐지면 꺼내서 반죽이 부드러워질 때까지 치댄다.

2. 볼에 올리브오일(분량 외)을 발라 동그랗게 모양을 잡은 반죽을 넣는다. 가볍게 랩을 씌워 1.5~2배로 부풀때까지 30분~1시간 정도 실온에서 발효시킨다.

토마토소스 만들기

3. 냄비에 체에 내린 홀 토마토(사진에서는 세미드라이 토마토*를 사용), 크림치즈, 바질 줄기, 소금, 올리브오일을 넣고 걸쭉해질 때까지 끓인다.
모차렐라치즈는 얇게 썬다.
* 방울토마토에 소금을 뿌려 100℃ 오븐에서 1시간 반 구운 것

시금치소스 만들기

4. 시금치와 크림치즈를 믹서에 갈아준 뒤 올리브오일을 조금씩 넣어가며 농도를 조절하고 소금,후추로 간을 맞춘다.
모차렐라치즈, 판체타는 작게 썰어준다.

5. **2**의 피자반죽을 4등분 하여 동그랗게 빚은 뒤 젖은 면포를 씌워 10~15분 휴지시킨다. 20cm정도로 얇게 밀어 2장의 반죽에 **3**의 소스를 펴 바르고 바질잎과 모차렐라치즈를 올린 뒤 파마산치즈, 올리브오일을 뿌린다. 남은 2장에 **4**의 소스를 펴 바르고 모차렐라치즈, 판체타, 파마산치즈를 올린다.

- **만드는 법**

    1. 양송이버섯은 5mm 두께로 슬라이스한다. 잎새버섯은 한입크기로 찢어준다.
       포르치니버섯(건조)은 물 1컵에 30분간 불리고 성글게 다진다.
       버섯을 불린 물은 버리지 않고 나중에 사용한다.

    2. 팬에 올리브오일, 다진 양파를 넣고 약불에서 양파가 투명해질 때까지 볶다가 1을
       넣고 잘 볶아준다.

    3. 2에 쌀을 넣고 더 볶다가 쌀이 투명해지면 화이트 와인을 넣고 알콜을 날린다.

    4. 데운 부용과 포르치니버섯 불린 물을 반 넣고 15분간 끓인다.
       수분이 부족해지면 조금씩 부용을 더 넣으면서 약간 된 정도로 밥을 짓는다.

Lesson 13

버섯 리조또
キノコのリゾット

- **조리시간** 45분 (말린 재료 불리는 시간 제외)

- **재료** (4인분)

  양송이버섯 … 8 개 (80g)
  잎새버섯 … 1 팩 (100g), 장식용으로 1/2 팩
  포르치니버섯 (건조) … 15g
  올리브오일 … 2 큰술
  쌀 … 150g
  화이트 와인 … 50g
  부용 (육수) … 3 컵 정도
  버터 … 30g
  파마산치즈 … 40g
  소금 … 1/3 작은술
  굵은 후추 … 약간
  이탈리안 파슬리 (성글게 다진 것) … 적당량

5. 버터와 파마산치즈, 소금을 넣어 간을 맞추고 그릇에 담는다.
   튀김기름에 바삭하게 튀겨낸 잎새버섯을 올리고 이탈리안 파슬리, 후추를 뿌려 완성한다.

영양성분 열량 321kcal(1 인분 기준) · 단백질 11.1 g , 지방 15.2 g , 탄수화물 36.5 g , 염분 1.7 g

영양 Tip

잎새버섯, 양송이버섯 등의 버섯류에 포함된 식이섬유 β-글루칸은 장내 환경을 조성해 변비 개선에 좋고 면역력 향상에 도움을 준다.

Lesson 14

부야베스
ブイヤベース鍋

- **조리시간** 새우스프 30분 · 부야베스 25분

- **재료** (4인분)

새우스프

새우 머리와 껍질 … 300g
(대 6마리 분량)
마늘 … 2 알 (10g)
올리브오일 … 2큰술
양파 … 1/2 개 (100g)
당근 … 소 1/2 개 (75g)
토마토 페이스트 … 20g
블렌디 … 3 큰술
물 … 1 리터
소금 … 1/3 작은술

부야베스

흰 살 생선 … 2 토막 (200g)
(도미·대구 등)

A | 올리브오일 … 1 큰술
  | 소금 … 1/4 작은술
  | 샤프란 … 5~6 개

홍합 (또는 대합) … 8 개 (240g)
새우 … 6 마리 (135g)
감자 … 2 개 (300g)
상추 … 1 개 (90g)
월계수잎 … 1 장

루이유소스

B | 마요네즈 … 2 큰술
  | 마늘 (갈은 것) … 1/2 작은술
  | 카이엔페퍼 … 1/8 작은술

소금 … 약간
파슬리 (다진 것) … 적당량
크루통 … 적당량

■ **만드는 법**

새우스프 1. 양파는 6~7mm 두께로 썰고, 당근은 껍질째 얇게 슬라이스하여
올리브오일 (1큰술)로 버무려 전자렌지(600w)에서 2분 30초 돌려 꺼낸 뒤
고루 섞어 2분 30초간 추가로 전자렌지에 돌린다.

2. 냄비에 올리브오일 (2큰술)과 성글게 다진 통마늘을 넣고 중불로 가열한다.
마늘이 노릇하게 볶아지면 새우 머리와 껍질을 넣고
빨갛게 변할 때까지 볶다가 1을 모두 넣는다.

3. 2에 토마토 페이스트를 넣고 볶다가 끓기 시작하면 블렌디를 넣고 끓여
알콜을 날린다. 물과 소금을 넣고 끓기 시작하면 약불로 10분간 끓인 후
체에 눌러가며 걸러준다.

부야베스 1. 흰 살 생선은 3~4등분 하여 A 양념으로 마리네이드 한다.
홍합은 솔로 깨끗하게 씻고 껍질 사이로 나온 실처럼 생긴 부분을
당겨 뽑아 다듬는다.

2. 감자는 1cm 두께로 동그랗게 썰어 600w 전자레인지에서 2~3분 가열하여
7~80프로 정도만 익힌다.

3. B를 고루 섞어 루이유 소스를 만든다.

4. 새우 수프, 감자, 홍합, 월계수잎을 냄비에 넣고 가열한다.
끓기 시작하면 약불로 5분간 조린 뒤 새우와 1의 흰살 생선을 넣고
가볍게 익혀 소금으로 간을 맞춘다.

5. 상추를 넣고 불을 끈 뒤 파슬리를 뿌린다. 접시에 루이유소스와 크루통을 곁들인다.

영양성분 열량 335kcal(1 인분 기준) · 단백질 19.9g, 지방 17.7g, 탄수화물 21.2g, 염분 2.1g

영양 Tip

부야베스는 어패류의 감칠맛이 농축된 프랑스 남부 프로방스 지역의 향토요리이다.
이 지역은 지중해와 인접해있어 마늘과 올리브오일, 허브, 토마토 등을 사용한 것이 특징이다. 부야베스에 사용되는 샤프란은
여성들이 컨디션이 난조일 때 도움이 된다. 또, 토마토에 함유되어 있는 라이코펜은 성인병 예방에도 도움이 되며 항산화 작용이
높아 면역력 증진에도 도움이 된다. 마늘에 함유되어 있는 알리신은 피로회복 효과와 혈행 촉진 효과가 있어 라이코펜과 함께 먹
으면 감기, 감염병 등의 예방에 도움이 된다. 추운 겨울에 먹기 좋은 몸을 따뜻하게 해 주는 일품요리이다.

Lesson 15

아쿠아파짜

アクアパッツァ

영양성분 열량 197kcal(1 인분 기준) · 단백질 12.4g, 지방 12.8g, 탄수화물 2.9g, 염분 1.1g

영양 Tip

흰 살 생선에는 칼슘의 흡수를 도와주는 비타민 D 및 IPA(EPA)가 풍부하게 함유되어 있다. IPA(EPA)는 혈압이나 콜레스테롤의 수치를 내리고 혈액을 맑게 해 주는 효과가 있다. 토마토에 함유되어 있는 베타카로틴은 LDL 콜레스테롤의 산화를 예방하는 효과가 있다고 알려져 있다. 혈관 연령을 조절하고 싶다면 생선과 토마토의 조합을 섭취하면 좋다. 바지락에는 혈액을 만드는데 반드시 필요한 철분과 미각을 정상으로 유지하는데 필요한 아연을 풍부하게 함유하고 있다. 이 영양분들은 수용성이므로 생선과 끓인 국물도 함께 먹는 것이 좋다.

- **조리시간** 30분

- **재료** (4인분)

흰 살 생선* … 2 토막 (사진은 홍바리를 사용)
※ 제철 흰 살 생선을 사용하면 더 맛있게 즐기실 수 있습니다.

올리브오일 (굽기용) … 2 큰술

소금 , 후추 … 약간
올리브오일 … 2 큰술
이탈리안 파슬리 (다진 것) … 약간

A | 애호박 … 1/2 개
  | 방울토마토 … 5 개
  | 블랙 올리브 … 5 개

B | 조갯살 … 50g
  | 간수 (염화마그네슘) … 2 작은술
  | 맛술 … 2 작은술
  | 물 … 60g

- **만드는 법**

1. 생선은 물기를 제거하고 소금, 후추를 뿌려 둔다.

2. 팬에 올리브오일을 두르고 1의 생선을 껍질째 살짝 굽는다.
   양면이 노릇하게 구워지면 꺼낸다.

3. 2의 냄비에 **A**를 넣고 볶는다.

4. 3의 냄비에 꺼내 두었던 생선을 넣고 **B**를 넣어 소금으로 간을 맞춘다.

5. 마지막으로 올리브오일과 이탈리안 파슬리를 넣고 푹 끓인다.

6. 그릇에 담아 낸다.

Lesson 16

오렌지 소스의 오리요리

鴨のオレンジソース

영양성분　열량 363kcal(1 인분 기준) · 단백질 38.4 g , 지방 11.9 g , 탄수화물 27.7 g , 염분 1.1 g

영양 Tip　오리고기는 콜레스테롤이 적고 철분, 비타민 B가 풍부해 피로회복과 아름다운 피부를 만드는 데 도움을 준다.

■ **조리시간**　90분

■ **재료** (4인분)

오리고기 (가슴살) … 2 장 (600g)
소금 , 후추 … 약간
식용유 … 약간
오렌지 … 2~3개

비가라드소스

설탕 … 30g
레드 와인 비네거 … 45ml
오렌지 과즙 … 150ml
퐁 드 보 … 200ml

레몬즙 … 1/2 작은술
소금 , 후추 … 적당량
코엔트로 … 1 작은술
버터 (무염) … 15g
녹말물 (옥수수전분) … 적당량

■ **만드는 법**

1. 오렌지 1/2 개는 칼로 얇은 속껍질 속의 과육을 저며낸다.
   남은 껍질 부분의 과육을 함께 짜서 즙을 받아준다(150ml).
   껍질은 1/2 개 분량의 하얀 부분을 제거하고 곱게 채썬다.

2. 오리고기는 껍질 부분에 격자로 촘촘하게 칼집을 넣어 30 분정도 두어 상온에서 식히고 소금, 후추를 뿌린다. 팬에 식용유를 두르고 센불로 가열하여 껍질 부분을 먼저 구워준다. 껍질 면이 노릇하게 구워지면 뒤집어서 가볍게 굽고, 껍질 면이 아래로 오도록 하여 180 도로 예열한 오븐에 넣는다.

3. 4 분 지나면 오븐에서 꺼내어 껍질 면을 위로 오게하여 껍질 외의 부분을 포일로 감싸 따뜻한 곳에서 4 분간 휴지시킨다. 껍질을 아래로 오도록 오븐에서 3 분간 구워준 뒤 꺼내 껍질을 위로 오도록 하여 껍질 이외의 부분을 포일로 감싸 3 분간 휴지시킨다. 껍질을 아래로 하여 오븐에서 1 분간 구워 꺼내 포일로 싸준 뒤 따뜻한 곳에서 휴지시킨다.

   ▎**포인트** : 고기의 크기에 따라 익히는 시간이 달라질 수 있으므로 오븐에 넣는 시간을 조율한다.

비가라드 소스

4. 작은 냄비에 설탕, 레드 와인 비네거(1 큰술)를 넣고 진한 캐러멜색이 될 때까지 가열한다. 불을 끄고 레드 와인 비네거를 넣고 다시 졸인다.

5. 2 큰술 분량 정도로 졸여지면, 오렌지 과즙을 넣고 중약불로 반 분량이 될 때까지 졸인다. 퐁 드 보를 넣고 다시 반 분량이 될 때까지 졸인다.

6. 레몬즙을 넣고 소금, 후추로 간을 맞춘 후 코엥트로를 넣어 향을 입힌다.
   불을 끈 뒤 버터를 넣고 저어서 녹여준 후 다시 불을 켜고 녹말물을 넣어 걸쭉하게 만든다.

엔다이브 브레제

7. 엔다이브는 세로로 반 가른다. 후라이팬에 버터를 두르고 엔다이브를 넣어 향긋하게 구워지면 소금, 후추를 뿌린 뒤 가열용기에 옮긴다. 따뜻하게 끓여둔 부용을 넣은 뒤 180 도로 예열된 오븐에서 20~25분간 구워준다.

오렌지 제스트

8. 1 의 오렌지 껍질을 뜨거운 물에 데친 후 체에 거른다. 이것을 한번 더 반복한다.
   작은 냄비에 설탕, 물을 넣어 가열하고 끓기 시작하면 5 분 정도 조린다.
   불을 끈 뒤 그랑 마니에를 넣는다.

9. 그릇에 7 과 1 의 오렌지를 담은 뒤 알맞게 자른 오리고기를 올려준 후
   6 의 소스를 뿌리고 8 을 곁들인다.

엔다이브 브레제 ───────

  엔다이브 ⋯ 2 개
  무염버터 ⋯ 20g
  소금,후추 ⋯ 약간
  부용(육수) ⋯ 150ml

오렌지 제스트 ───────

  오렌지껍질 ⋯ 1/2 개 분량
  물 ⋯ 50ml
  설탕 ⋯ 20g
  그랑 마니에 ⋯ 1 작은술

Lesson 17

소고기 와인 조림
牛ほほ肉の赤ワイン煮込み

■ **재료** (4인분)

소 볼살 … 600g
강력분 … 적당량
양파 … 100g
당근 … 50g
샐러리 … 30g
마늘 … 2 개
식용유 … 1 큰술
토마토 페이스트 … 20g

부케 가르니 … 1 다발
레드 와인 … 1 병 (750ml)
꿀 … 2 작은술
퐁 드 보 육수 … 1 캔 (290g)
소금 , 후추 … 약간
무염버터 … 10g
물에 풀은 콘스타치 … 적당량

당근 퓌레

당근 … 1 개
소금 , 후추 … 약간
무염버터 … 15g

이탈리안 파슬리 … 적당량
흑후추 … 적당량

영양성분 **열량 494kcal(1 인분 기준)** · 단백질 34.2 g, 지방 18.8 g, 탄수화물 23.3 g, 염분 1.0 g

영양 Tip 소 볼살은 비타민 B12가 함유되어 철분과 함께 빈혈 예방에 도움이 된다.
레드와인에 함유된 폴리페놀은 강한 항산화 작용이 있어 혈액순환을 촉진시키고 동맥경화 예방에 도움을 준다.

■ **조리시간** 4시간

■ **만드는 법**

1. 소 볼살은 여분의 힘줄과 막을 제거하고 4등분한다.
   소금, 후추와 강력분을 뿌려준다.

2. 양파, 당근, 샐러리는 얇게 저미고 마늘은 껍질째 반으로 자른다.

3. 팬에 식용유를 두르고 가열한 뒤
   1을 넣고 센불로 양면을 노릇하게 구워서 꺼낸다.
   같은 팬에 마늘을 자른 단면이 팬에 닿도록 넣고 서서히 구워준다.

4. 마늘이 노릇하게 구워지면 2를 넣고 볶아준다. 채소가 익어 노릇해지면
   토마토 페이스트와 꿀 (1작은술)을 넣고 볶아준다.

5. 냄비에 3의 고기, 4, 부케 가르니를 넣는다.
   4의 팬에 레드 와인(600ml)을 넣고 끓인다. 알콜이 날아가면 팬에 눌어붙은
   고기와 채소의 감칠맛을 긁어 냄비에 함께 넣는다.
   냄비에 퐁 드 보를 함께 넣고 가열하여 끓기 시작하면 거품을 걷어내고
   뚜껑을 덮어 140도 오븐에서 3시간 익힌다.

6. 남은 레드 와인과 꿀을 작은 냄비에 넣고, 분량이 반으로 줄어들 때까지 졸인다.

7. 5의 냄비에서 고기는 꺼내고 남은 조림액은 면포를 깐 체에 거른다.
   거른 조림액은 6과 함께 냄비에 넣어 약불로 졸인다.

8. 7에 고기를 넣고 끓이다가 소금과 후추로 간을 한다. 버터를 넣어 잘 녹아들면
   물에 풀어 둔 콘스타치를 넣어 소스를 걸쭉하게 만든다.

당근 퓌레

9. 당근은 6~7mm두께로 나박 썰기로 썰어 냄비에 넣는다.
   물은 건더기를 덮을 만큼 넣어주고 버터의 1/2 분량을 넣고 끓이다가
   속뚜껑을 덮어 약불로 부드러워질 때까지 끓인다.

10. 9를 채반에 받쳐 믹서에 넣고 부드러워질 때까지 갈아준다.
    (수분이 부족하면 9의 끓인 국물을 넣어준다.)
    냄비에 넣어 끓이면서 소금과 후추로 간을 하고 남은 버터를 넣어 녹인다.

11. 그릇에 8과 10을 담고 이탈리안 파슬리와 흑후추으로 장식한다.

Chinese

중국요리

> 중국요리

중국요리의 특징

기후와 풍토, 산물이 각기 다른 광대한 국토를 배경으로 다양한 민족과 유구한 역사를 간직한 중국. 그 요리는 지방마다 다채로운 특색을 자랑하는 한편, 중국요리만의 공통된 특징을 갖는다. 다양한 재료 및 불과 기름의 사용에 능숙하며 합리적이고 고도로 발달한 조리 기법이 깊이 있는 맛을 만들어낸다. 이로써 중국은 다채로운 요리의 세계를 형성하고 있다.

소재 변화가 몹시 풍부하고 말린 식료품을 많이 사용한다

중국요리에서는 실로 다양한 식재료를 사용한다. 소, 돼지나 닭, 오리, 희귀한 야생동물의 고기, 어패류, 채소, 곡물류 등 식재료를 폭넓게 이용할 뿐만 아니라 재료가 낭비되지 않도록 철저히 다룬다. 닭을 예로 들면 고기와 내장, 국물용 뼈는 물론이고, 비늘 형태의 표피로 뒤덮인 딱딱한 발톱까지 요리에 삶아 쓰는 지방도 있다. 어떤 재료라도 최적의 방식을 찾아 맛있게 섭취하고자 하는 적극적인 의욕, 또 그것을 가능케 하는 기술을 발휘하는 것이 바로 중국요리이다.

또한 건화(건조식품)를 자주 이용하고 그 취급에 능한 것도 큰 특징이다. 신선한 재료를 구할 수 없어 어쩔 수 없이 건조식품을 쓰는 것이 아니라 살아 있는 식재료에는 없는 독특한 맛을 적극적으로 살리고 그 특성을 충분히 활용하여 요리하는 데 특색이 있다. 하미(말린 새우)와 향고(말린 표고버섯), 분사(실당면) 등은 일상 요리에도 많이 쓰이지만, 어시(상어 지느러미), 해삼, 건포(전복), 연와(제비집) 등과 같은 중국요리를 대표하는 고급 음식에서 건화가 차지하는 비중은 매우 크다. 장기 보존이 가능하고 수송이 용이한 건조식품을 요리의 중심으로 삼은 것은 세계 곳곳에 중국 음식을 뿌리내리게 하는 큰 요소가 되기도 했다.

발효식품 또한 발달해있다. 일본에도 전해진 된장이나 간장, 식초와 같은 양조 조미료뿐만 아니라 양조(감주와 비슷한 조미료)와 두시(豆豉)와 어로(액젓, 잔생선을 발효시켜 만든 조미료) 두반장, 두부를 발효시킨 부유(腐乳) 등이 사용되어 중국요리에 깊이와 다채로움을 주고 있다.

조리법 불과 기름을 능숙하게 구사하고 복합적인 조리로 다채로운 맛을 만들어낸다

전통적인 중국요리는 가열조리 방식이 중심적이다. 지방에 따라서는 생선회 같은 요리나 생채소로 무친 음식도 있지만 어떤 형태로든 불을 쓰는 것이 압도적으로 많다. 불을 다루는 방식도 체계적이며, 극히 강한 화력으로 순간적으로 볶는 조리법부터 뭉근한 불로 장시간 끓이는 조리법까지, 화력 조절 및 가열 시간의 장단, 또 요리에 따라 분류 및 다르게 조리하는 것을 중요하게 여긴다.

기름을 자주 사용하는 것도 중국요리 특징 중의 하나이다. 소량의 기름으로 식재료를 굽는 조리법부터 기름을 넉넉하게 써서 튀기는 조리법까지, 가열 수단으로 기름을 사용하는 요리는 매우 종류가 많고 고도로 발달되어 있다. 뜨거운 기름에 살짝 넣었다 빼는 등 다른 나라에서는 볼 수 없는 독특한 수법도 있어, 기름의 사용법은 중국요리 특유의 조리기술의 기본이 되고 있다. 또 가열 수단으로서뿐만 아니라 조림 요리의 마무리에 첨가하거나 무침의 소스로 이용하는 등 기름은 조리 전반에 걸쳐 필수적인 존재로, 기름을 사용하지 않는 요리를 찾아보기 힘들 정도이다.

게다가 중국요리는 단순히 삶고 굽는 단일 조리법으로 이루어지는 것이 아니라 튀긴 후 조리거나 튀긴 재료에 걸쭉한 소스를 뿌리고 또는 볶은 소재 위에 칡전분을 얹어 마무리하거나 볶은 재료를 껍질에 싸서 튀기는 등 복합적인 조리 과정을 거치는 경우가 많다. 동파육을 예로 들면 단순히 조리기만 하는 것이 아니라 삶고 튀기고 푹 끓이는 단계를 순차적으로 거쳐서 만드는 것이다. 양념도 한 종류가 아니며 여러 양념을 소량씩 조합해 사용하는 경우가 많다. 어느 한 조미료의 맛이 튀는 경우는 거의 없는데, 복합적으로 융합된 양념이 풍부한 맛을 만들어낸다. 또 조림과 볶음 요리는 마지막에 녹말물을 첨가해 걸쭉하게 만드는 경우가 많다. 튀김에 걸쭉한 소스를 끼얹거나 수프에도 녹말물을 풀어 걸쭉하게 만들 때가 있다. 그로 인해 보온성을 높이고 식감을 부드럽게 하여 전체적으로 맛이 좋아지는 효과를 볼 수 있다.

이러한 수많은 특징을 가지는 중국요리의 조리법은 기본적인 방식에 더해 화력의 강약 및 가열 시간의 상단과 같은 다양한 조합에 의해 매우 다채로운 변화를 갖는다. 게다가 그 다채로운 조리법 하나하나에 정의가 있고 복잡한 요리 체계에 계통이 확실히 세워져 있는 것도 특징이다.

도구·그릇 심플한 구성으로 다양한 요리에 대응한다

요리법이 다방면에 걸쳐 매우 복잡한 체계를 가지는데도 불구하고 중국요리의 도구는 지극히 단순하다. 바닥이 둥근 중국식 냄비는 요리의 양이 많든 적든 열 효율성이 좋으며, 이 도구 하나로 굽기, 볶기, 튀기기, 삶기, 조리기 등과 같은 많은 요리를 할 수 있다. 게다가 찜통을 올리면 찌는 요리까지 가능하다. 특별한 냄비나 도구가 없는 것은 아니지만, 기본적으로 이 냄비와 쇠국자, 커다란 기름 항아리와 구멍이 뚫린 팬, 찜통만 있으면 대부분의 요리를 할 수 있다. 이를 통해 중국요리가 얼마나 합리적이고 체계적인지 알 수 있다. 요리는 커다란 그릇에 담긴 것을 각자 덜어서 먹기 때문에 식사 시에는 대접과 수프용 그릇, 덜어 먹을 수 있는 작은 접시나 그릇만 있으면 된다. 그릇은 도기로 만든 것이 주를 이루며 은기, 금기, 주석기도 있지만 종류가 적은 편이다.

보기 좋게 담은 요리·식탁 대접의 요리를 덜어 먹고 여러 명이 식탁을 둘러앉는다

중국요리는 가정에서도 화려한 연회석에서도 대접에 담긴 요리를 가족 및 친구, 혹은 연회석의 참석자들이 조금씩 덜어 먹는 것이 기본이다. 식사는 음식의 맛을 즐길 뿐 아니라 동석한 사람들이 즐겁게 이야기를 하면서 친근감을 쌓기 위한 자리이기도 하다. 일반적으로 큰 접시에서 음식을 덜어 먹는 것도 그러한 표현의 일환이다. 따라서 최근에는 참석자들이 두루두루 이야기를 나눌 수 있는 둥근 테이블이 주류를 이루고 있으며 그 중앙에 놓이는 음식은 어느 자리에서도 아름답게 보일 수 있도록 원형으로 담는다. 요리에 하는 장식이나 곁들이는 채소도 좌우 대칭으로 제공하는 경우가 많다. 차가운 전채는 기교를 발휘해 아름다운 형태로 담지만, 식기 전에 제공하는 것이 원칙인 열채, 특히 볶음 요리는 손을 많이 가하지 않고 재빨리 테이블에 내놓는 것을 우선으로 한다.

중국요리

중국요리의 구성

평소 생활 속에서 하는 식사나 가볍게 차려 먹는 상과는 별개로, 예우를 갖춘 대접 및 모임에서 나오는 중국음식 코스에는 기본적인 구성과 약속이 있다. 지역성과 연회 격식, 규모에 따라 다소 차이는 있지만, 핵심을 짚어가며 그에 따른 식단을 구성해 간다.

연회 요리의 구조

중국음식의 식단은 기본적으로 가장 먼저 제공되어 술안주로 가볍게 먹을 수 있는 '전채', 대접에 담겨 주채가 되는 '대채', 그리고 수프 요리인 '탕채', '면 또는 밥', 디저트나 입가심으로 먹는 달콤한 요리 '첨채', 수프 다음이나 요리들 사이에 악센트로 제공되는 '딤섬'으로 구성된다. 가정에서 하는 응접이나 친구들과 하는 편안한 분위기의 회식은 별도로 하고, 정식적이지 않더라도 레스토랑과 같은 곳에서 이루어지는 연회에서는 여러 종류의 전채와 몇 접시나 되는 메인 요리, 탕채 1종, 8~10종의 디저트를 내놓는 것이 일반적이다. 제대로 준비된 연회석이나 결혼식 등 대대적인 축하 자리에서는 아주 많은 음식이 제공된다.

연회 요리의 구성 요소

경과　京果 (果碟)

요리는 아니지만 연회에서는 견과류를 가벼운 안주로 테이블이나 별석에 미리 준비해 두는 경우가 있다. 연회 참석자들은 경과를 먹으면서 회원들이 한자리에 모이기를 기다린다.

전채　前菜

전채라고 하면 냉채를 떠올리기 마련이지만, 대규모 연회에서는 열훈 (熱葷) 이라고 해서 가열 조리한 따뜻한 전채를 내놓을 때가 있다. 대부분 냉채가 나온 후 대채가 제공되기 전에 나오는데, 대채보다 소량으로 해산물볶음 등 담백한 식감으로 식욕을 돋우는 요리가 적합하다.

냉채는 식어도 맛이 떨어지지 않아 술안주로 어울리는 음식이 선택된다. 양은 소량씩, 고기나 생선은 먹기 좋게 한입 크기로 잘라 나오며 연회석의 분위기를 화사하게 띄우고 식욕을 자극시켜 무심코 젓가락이 움직일 수 있도록 아름답게 나온다.

연회의 경우에는 6~8가지의 냉채가 나온다. 냉채라고 하면 일본에서는 여러 종류를 한 접시에 예쁘게 담아낸 것이라는 이미지가 강한데, 이는 평반이라고 하는 대접 방식으로 지방에 따라 작은 접시에 한 종류씩 담아 탁자 위에 둥글게 놓기도 하고 채색을 맞춰 한 접시에 두 가지씩 아름답게 담아내기도 한다.

대채　大菜

코스의 메인이 되는 커다란 접시의 요리. 대채는 모두 가열 조리하여 뜨거운 상태로 요리가 제공된다.

대채의 첫 번째 요리를 특별히 두채라고 부르기도 한다. 드디어 메인 요리가 나온다는 기대감 속에서 등장하는 음식이기 때문에 인상이 강하고 연회석 전체의 이미지를 좌우하는 요리가 주를 이룬다. 따라서 두채는 식단의 중심이 되는 가장 고급스러운 음식을 내놓는 것이 일반적이다. 연와 (제비집), 어시 (상어 지느러미), 해삼, 건포 (전복) 등 고가의 건화 (건조식품) 를 사용한 요리가 두채인 경우가 많고 이 요리에 따라 연회의 격식이 정해진다.

중국요리에서는 대채 요리를 무엇으로 해야 한다고 딱히 정해 놓은 것은 없다. 그러나 여러 요리가 나오는 대채의 성질을 살펴보면 같은 재료를 쓰는 것은 최대한 피하고 건화, 어패류, 육류 (돼지, 소, 양), 닭이나 오리, 두부 및 채소 등 순차적이며 균형 있게 식재료를 다루고 있다. 또 중국의 다양한 요리 기술을 구사하여 변화가 풍부한 구성에 심혈을 기울인다. 물론 계절감을 고려할 필요도 있다. 또 맛이 강한 요리 다음에 담백한 것이 나오거나 바삭한 튀김이 나온 후에 부드러운 식감의 음식이 제공되는 등 요리의 흐름에 변화를 주는 것도 중요하다.

음식이 많이 나오는 코스의 경우에는 입가심을 위해 요리와 요리의 추임새로 딤섬이 제공되기도 한다.

탕채 湯菜

수프 요리로 대채가 마무리된 후에 제공된다. 상어 지느러미나 제비탕 수프 같은 것은 두채로 앞서 나오기도 하는데, 이는 어디까지나 요리로 다루어지는 것으로 이런 경우에는 대채 다음에 별도의 수프가 나오기도 한다. 가정 요리와는 달리 수많은 음식을 먹고 난 후에 제공되는 것이므로, 기본적으로 입에 남은 강한 맛을 해소해 주는 산뜻한 맛의 음식이 잘 어울린다.

면 또는 밥

면이나 밥 요리는 탕채와 함께, 혹은 탕채 다음으로 제공된다. 밥 요리가 아닌 흰쌀밥을 제공하는 지방도 있는데 이런 경우에는 밥과 함께 먹을 수 있는 반찬이 나온다.

첨채 甜菜

맛이 단 요리로 큰 연회에서는 대채 중간에 나올 때도 있으나 일반적인 요즘 연회에서는 디저트의 의미로 마지막에 제공되는 경우가 많다. 첨딤섬 (甜点心) 과 혼동하기 쉽지만 첨딤섬은 손으로 집을 수 있는 과자가 중심적인데 비해 첨채는 어디까지나 요리의 일종이다. 대채와 마찬가지로 커다란 접시에 담아 나누어 먹는 경우도 있지만, 최근에는 이른바 디저트처럼 여겨지고 있어 처음부터 1인분씩 소량 담아 개별적으로 서비스하는 경우도 많다.

딤섬 点心

슈마이와 만두 등 부담스럽지 않은 음식 및 과자로, 달지 않은 딤섬과 달콤한 첨딤섬이 있다. 스낵으로 먹는 딤섬보다 작고 모양도 아름답다. 큰 연회석의 경우에는 식후에 그치지 않고 대채의 추임새로 기분 전환을 위해 제공되며 때로는 함딤섬 (鹹点心), 첨딤섬이 모두 제공되기도 한다. 일반적인 연회에서는 생략되거나 면과 밥을 대신하는 경우가 많다.

수과 水果

마지막으로 제공되는 과일은 신선한 것 그대로 잘라서 제공한다. 대연회에서는 정성껏 공을 들여 화려하게 장식하기도 하지만 일반적인 연회에서는 생략되는 경우가 많다.

Lesson 18

오이초절임
きゅうりの甘酢漬け

> **영양성분**   열량 49kcal(1 인분 기준) · 단백질 0.6g, 지방 3.1g, 탄수화물 4.6g, 염분 0.2g

> **영양 Tip**

오이는 대부분 수분으로 이루어져 있으므로 영양소는 크게 기대하기 어렵지만 칼륨을 함유하고 있다.
칼륨은 붓기 해소와 고혈압 예방 효과를 기대할 수 있다. 오이에는 수분이 많아 몸을 차게 하는 효과가 있어 여름에 먹으면 좋은
채소 중 하나이다.

- **조리시간** 20분

- **재료** (4인분)

  오이 … 2개 (200g)　　　건고추 (송송썬 것) … 1/2개 분량
  대파 … 1/4개 (25g)　　　산초 (화자오) … 1작은술
  생강 … 1/2조각 (4g)　　　참기름 … 1큰술

  A │ 식초 … 50ml
　　│ 설탕 … 1큰술
　　│ 소금 … 1/8작은술

- **만드는 법**

  1. 오이는 한 입 크기로 썰어 소금물 (염분 2%)에 절여 숨을 죽인다.
     대파는 얇게 어슷 썰고, 생강은 채 썬다.

     ▍포인트 : 오이는 나무젓가락 등을 받쳐놓고 썰어, 칼이 끝까지 들어가지 않도록 주의하며
     촘촘히 어슷하게 칼집을 넣는다. 오이의 반대편도 같은 방법으로 칼집을 넣는다.

  2. 냄비에 **A**를 넣고 가열하여 끓기 시작하면 불을 끈다.

  3. 물기를 제거한 볼에 3cm 길이로 자른 **1**의 오이와 건고추를 넣고
     뜨거운 **2**를 부어준다. 오이 위에 대파와 생강을 올린다.

     ▍포인트 : 오이가 짜다면, 물로 가볍게 씻은 후 절인다.

  4. 팬에 참기름, 산초를 넣고 가열한다.
     산초의 향이 우러나기 시작하면 **3**을 뿌려 1시간 정도 절인다.

     ▍포인트 : 참기름, 산초는 약간 연기가 날 때까지 가열한다. 너무 타면 쓴맛이 나므로 주의할 것.
     매운맛을 싫어한다면 건고추와 산초의 양을 조절한다.

Lesson 19

칭자오로스(피망잡채)

青椒肉絲

영양성분 열량 175kcal(1 인분 기준) · 단백질 14.9g, 지방 8.4g, 탄수화물 7.4g, 염분 1.4g

영양 Tip

밥과 잘 어울리는 메뉴인 칭자오로스 (피망잡채). 돼지고기에는 단백질, 비타민 B1, 나이아신이 함유되어 있다. 또, 피망에 함유되어 있는 베타카로틴, 비타민 C와 함께 섭취하면 면역력 강화와 감기 예방에 도움이 된다.

- **조리시간** 40분

- **재료** (4인분)

돼지고기 등심 … 250g	**A** 소금 … 1/4 작은술	**B** 간장 … 1 큰술
전분 … 1 큰술	소홍주(또는 청주) … 1 큰술	굴소스 … 2 작은술
식용유 … 1/2 작은술	후추 … 약간	소홍주(청주) … 2 작은술
피망 … 2개 (80g)		설탕 … 2 작은술
적피망 … 1.5개		후추 … 약간
죽순(통조림·소) … 1/2개 (50g)		물 … 2 큰술
생강(다진 것) … 1 조각 (8g)		
마늘(다진 것) … 1 조각 (5g)		참기름 … 1 작은술

- **만드는 법**

    1. 돼지고기는 결 따라 5mm 두께로 채 썰어 **A**양념으로 밑간을 한다.
       전분을 넣고 골고루 버무린 후 식용유(1/2 작은 술)를 넣고 가볍게 섞는다.

       ▎**포인트** : 식용유를 넣고 너무 많이 섞으면 고기가 부서지므로, 가볍게 전체에 버무려질 정도로만
       섞는다.

    2. 피망, 죽순은 돼지고기 길이에 맞춰 3mm 두께로 채 썰고
       소금, 식용유(모두 분량 외)를 넣은 끓는 물에 가볍게 데친 뒤 수분을 제거한다.

       ▎**포인트** : 재료는 같은 길이 같은 두께로 썰면 완성된 모습이 보기에도 좋다.
       고기는 익히면 크기가 줄어들기 때문에 조금 크게 썰어준다.

    3. 팬에 식용유, 생강, 마늘을 넣고 볶아 향을 낸다.
       1을 넣고 볶다가 표면의 색이 바뀌면 **2**를 넣어 고기가 노릇하게 색이 나며
       익을 때까지 볶는다.

    4. **3**에 **B**를 섞어 넣고 재료와 양념이 잘 버무려지면 참기름을 둘러 마무리한다.

Lesson 20

탕수육

酢豚

| 영양성분 | 열량 372kcal(1 인분 기준) · 단백질 15.9g, 지방 21.9g, 탄수화물 25.3g, 염분 1.6g

| 영양 Tip |

돼지고기와 채소에 걸쭉한 소스를 버무린 탕수육은 일본에서도 익숙한 중국요리 중 하나이다. 케첩이 듬뿍 들어간 새콤달콤한 소스로 채소를 싫어하는 어린이들도 맛있게 먹을 수 있다. 돼지고기는 대사를 높이고 피로회복에도 좋은 비타민 B가 풍부하게 함유되어 있다. 또, 미각 유지와 점막을 튼튼하게 하는데 도움이 되는 아연을 함유하고 있다.
피망이나 당근에 풍부하게 함유되어 있는 베타카로틴은 피부와 점막의 건강을 지키고 면역력을 높이는 효과를 기대할 수 있다. 베타카로틴은 지용성이므로 기름을 사용한 조리법은 흡수율을 높일 수 있는 효율적인 방법이다.

- **조리시간** 30분

- **재료** (4인분)

돼지고기 등심 … 300g	**A** 청주 … 2 작은술	**B** 식초 … 5 큰술
달걀물 … 1/2 개 분량	간장 … 1 작은술	설탕 … 5 큰술
전분, 박력분 … 각 1 큰술	소금,후추 … 약간	토마토 케첩 … 3 큰술
식용유 … 적당량		간장 … 1 큰술
양파 … 1/2 개 (100g)		닭 육수 … 50ml
당근(소) … 1/2 개 (100g)		
피망 … 2개 (80g)		녹말물 … 적당량
건표고(소) … 4 장 (8g)		
식용유 … 2 큰술		

- **만드는 법**

1. 돼지고기 등심은 힘줄을 잘라내고 한입 크기로 썬다.
   A로 밑간을 하고 튀기기 직전 달걀물▶전분▶박력분의 순서로 넣고 버무려 튀김옷을 입힌다.

2. 양파는 2.5cm 정도로 결대로 썰고 길이는 2~3등분 한다.
   당근, 피망은 약간 작은 한입 크기로 썬다.
   건표고는 불린 뒤, 기둥은 잘라내고 2~3등분으로 저민다.

3. 팬에 높이 1cm 정도의 식용유를 붓고 170도로 달군다.
   1를 서로 붙지 않게 1개씩 넣고 익으면 표면이 노릇하게 될 때까지 튀겨낸다.

4. **3**의 팬에 기름을 2큰술 남기고 가열하여 **2**를 넣고 볶은 뒤 익으면 건져낸다.
   ▎**포인트** : 채소는 아삭한 식감을 살리기 위해 너무 익히지 않도록 한다.

5. 같은 팬에 섞어놓은 **B**의 양념을 넣고
   끓기 시작하면 중불로 1~2분 정도 끓이다가 녹말물을 넣어 농도를 걸쭉하게 한다.

6. **5**에 **3**,**4**를 넣고 소스가 잘 섞이도록 가볍게 버무린다.

Lesson 21

마파두부

麻婆豆腐

영양성분   열량 270kcal(1 인분 기준) · 단백질 18.3g, 지방 16.5g, 탄수화물 8.7g, 염분 2.7g

영양 Tip

산초의 톡 쏘는 향이 특징인 마파두부. 뜨거울 때 고추기름을 뿌려 매운맛을 조절하여 먹을 수 있다.
두부에는 칼슘, 비타민 E가 함유되어 있다. 칼슘은 뼈나 이의 건강 유지에 도움이 되는 영양성분이다. 부족해지기 쉬운 영양성분이므로 적극적으로 섭취하는 것이 좋다. 비타민 E는 혈액순환에 도움이 되며 신진대사를 높이므로 아름다운 피부와 냉증 예방에도 도움이 된다.

- **조리시간** 30분

- **재료** (4인분)

부침용 두부 ⋯ 2 모 (600g)	**A** 두반장 ⋯ 2 작은술	**B** 소흥주 (청주) ⋯ 2 큰술
돼지 등심 덩어리 ⋯ 150g	텐멘장 ⋯ 1 큰술	간장 ⋯ 1 큰술
식용유 ⋯ 1 큰술	고춧가루 ⋯ 1/2 작은술	굴소스 ⋯ 1 큰술
마늘 (다진 것) ⋯ 1 큰술 (5g)	산초가루 ⋯ 1/2 작은술	
생강 (다진 것) ⋯ 1 조각 (8g)		대파 (다진 것) ⋯ 1/3개 분량
	닭 육수 ⋯ 300ml	마늘종 ⋯ 취향에 따라 첨가
		녹말물 ⋯ 적당량
		고추기름·산초가루 ⋯ 적당량

- **만드는 법**

    1. 두부는 2cm로 깍둑 썰기하고 소금(분량 외)을 넣은 끓는 물에 데쳐낸 뒤 체에 건진다.

        ▎**포인트 :** 두부는 데치면 여분의 수분이 빠지고 모양이 부서지는 것을 막아주며 맛이 속까지 잘 스며들게 된다.

    2. 등심은 4~5mm두께로 채 썰어 나란히 놓고 다시 잘게 썰어 다진다.

    3. 팬에 식용유를 넣고 가열하여 **2**를 넣고 잘 풀어지도록 섞어가며 볶는다. 기름이 투명해지면 마늘, 생강을 넣고 향이 나도록 볶아준다.

    4. 3에 **A**를 넣고 타지 않도록 잘 섞어가며 볶아준다. 분리된 기름이 투명해지면서 투명한 붉은색이 되면 닭 육수를 넣고 끓인다.

    5. **B**를 넣고 다시 끓으면 약불로 줄이고 10분 정도 조리다가 **1**을 넣고 중불로 2~3분 조린다.

    6. 파를 넣고 녹말물을 풀어 농도를 맞춘다. 마늘종을 넣고 강불로 바꾸고 고추기름을 넣는다.

    7. 불을 끄고 산초가루를 뿌린 뒤 그릇에 담는다.

Lesson 22

칠리새우

海老チリ

> **영양성분** 열량 200kcal(1 인분 기준) · 단백질 16.9g, 지방 9.6g, 탄수화물 8.4g, 염분 1.5g

> **영양 Tip**

탱탱한 식감의 새우에 칠리소스를 듬뿍 얹어 기호도가 높은 중화요리이다. 이 레시피에서는 달걀과 감주로 단맛과 깊은 맛을 주고 마일드한 맛으로 완성 시켰다. 새우는 신경 기능을 정상으로 유지시켜 주는 비타민 B12 외에 눈의 피로에 효과적인 타우린을 함유하고 있어 공부를 하는 학생이나 컴퓨터 사용으로 눈이 피로할 때 도움이 된다. 달걀은 체내에서 만들어지지 않는 필수 아미노산을 포함하여 많은 영양소가 균형 있게 함유되어 있다. 그중에서도 발육 비타민이라고 불리는 비타민 B2가 풍부하고, 세포의 신진대사를 촉진하는 역할을 하므로 성장기 어린이는 물론 성인들도 충분히 섭취하면 좋은 영양소이다.

- **조리시간** 30분

- **재료** (4인분)

새우 … 300g	닭 육수 … 150ml	A ｜ 소금 … 1/4 작은술
달걀 흰자 … 1 큰술	녹말물 … 적당량	｜ 후추 … 약간
전분 … 1 큰술	달걀물 (흰자 사용 후 남은 것) … 1 개 분량	｜ 소흥주 (청주) … 1 큰술
식용유 … 2 작은술	대파 (다진 것) … 1/2 개	B ｜ 두반장 … 1 작은술 ~
마늘 (다진 것) … 1 알 (5g)	식초 … 1/4 작은술	｜ 토마토 케첩 … 2 큰술
생강 (다진 것) … 1 조각 (8g)		｜ 감주 … 2 큰술
식용유 … 2 큰술		
소흥주 (청주) … 1 큰술		

- **만드는 법**

  1. 새우는 등에 칼집을 넣고 소금, 전분, 물 (각 분량 외)로 깨끗하게 씻어 수분을 제거하고 볼에 넣는다.
  A를 넣어 조물조물 무치다가 수분이 없어지면 달걀 흰자를 넣어 무치고 전분을 넣어 전체적으로 고루 섞은 뒤 식용유 (2 작은술)을 버무린다.

  2. 팬에 식용유 (2큰술)를 넣고 가열하여 **1**의 양면을 노릇하게 굽는다. 80% 정도 익으면 한번 꺼낸다.

     ▌**포인트** : 여분의 열이 가해지므로 속까지 완전히 익기 전에 팬에서 꺼내도록 한다.

  3. 같은 팬에 마늘, 생강을 넣고 약불로 가열한다.
  향이 충분히 우러나면 **B**를 넣고 볶는다.

     ▌**포인트** : 두반장은 볶으면 매운맛이 우러난다. 케첩도 가열하면 산미가 날아가고 맛이 농축된다.

  4. **3**에 소흥주, 닭 육수를 넣고 끓이다가 **2**를 넣어준다.

  5. 녹말물로 농도를 맞추고 달걀물을 넣어 가볍게 휘리릭 섞어준다.
  완성되면 대파, 식초를 넣고 전체를 부드럽게 섞어준다.

Lesson 23

물만두
水餃子

> **영양성분**   열량 381kcal(1 인분 기준) · 단백질 16.4g, 지방 13.5g, 탄수화물 46.5g, 염분 3.1g

> **영양 Tip**

쫄깃한 식감의 수제 만두피에 매콤한 양념장을 곁들였다.
돼지고기는 비타민 B1이 풍부하게 함유되어 있다. 비타민 B1이 부족하면 뇌와 신경의 에너지원이 되는 당질의 대사가 원활하지 않아 집중력 저하, 피로감을 느끼게 된다. 특히 더운 여름에는 땀과 함께 체외로 배출되므로 적극적으로 섭취해야 할 영양소이다. 또 비타민 B1은 부추나 파, 마늘 등에 함유되어 있는 알리신과 함께 섭취하면 흡수율이 증가하고, 피로회복 효과를 기대할 수 있다. 또, 양배추에 함유되어 있는 비타민 K와 깨에 함유되어 있는 칼슘은 뼈나 이를 튼튼하게 하는 데 도움을 준다. 성장기 어린이뿐만 아니라 골다공증 예방에 도움이 되므로 성인들도 부족하지 않도록 섭취하는 것이 좋다.

- **조리시간** 40분 (반죽을 휴지시키는 시간 제외)

- **재료** (4인분)

만두피

A | 강력분 ··· 100g
  | 박력분 ··· 100g
  | 소금 ··· 3g

물 ··· 100g
전분 ··· 적당량

만두소

돼지 목살(덩어리) ··· 200g
소금 ··· 1/2 작은술
양배추(성글게 다진 것) ··· 300g
소금(양배추 용) ··· 1/2 작은술
부추(송송썬 것) ··· 1/4 단(25g)
대파(다진 것) ··· 1/2 개 분량

B | 굴소스 ··· 1 작은술
  | 후추 ··· 약간
  | 생강(갈은 것) ··· 10g
  | 마늘(갈은 것) ··· 1/2 알

참기름(또는 파기름) ··· 1 작은술
대파 흰부분, 고수 ··· 기호에 따라

소스

간장 ··· 1 큰술
설탕 ··· 1/2 큰술
식초 ··· 1 작은술
물 ··· 1 큰술
대파(다진 것) ··· 1 큰술
참깨 페이스트 ··· 1 큰술
고추기름 ··· 적당량

- **만드는 법**

1. **만두피를 만든다.** 볼에 **A**를 모두 넣고 물을 조금씩 넣어가며 반죽한다.
   한 덩어리로 뭉쳐지면 랩으로 감싼 뒤 5분간 휴지시킨다.
   휴지시킨 반죽을 윤기가 날 때까지 잘 반죽한 뒤 랩을 감싸 1~2시간 휴지시킨다.

   | **포인트** : 충분히 휴지시켜야 반죽에 신축성이 생겨 만두를 빚기 쉽다.

2. 1을 타원형으로 밀어 긴 방향 쪽으로 반으로 자른다. 자른 반죽을 막대 상태로
   길게 늘려 1줄당 20등분 한다. 남은 반죽도 동일한 방법으로 만든다.

3. **만두소를 만든다.** 목살은 4~5mm 폭으로 채 썬 후, 잘게 자른 뒤 칼로 두드려
   굵게 다진다. 양배추는 소금을 넣고 버무린 뒤 수분이 생기면 꼭 짜 둔다.

4. 볼에 **3**의 고기, 소금을 넣고 잘 반죽하여 점성이 생기면 **B**를 넣고 잘 섞는다.
   양배추, 부추, 대파를 넣고 다시 잘 섞은 뒤 참기름을 넣는다.

5. 반죽을 밀 때 사용하는 분량의 전분을 뿌리고,
   2의 반죽을 방망이로 밀어 5~6cm의 원형으로 밀어준다.

6. **5**의 반죽에 **4**의 만두소를 넣고 만두를 빚는다.

7. 냄비에 물을 가득 넣고 끓으면 만두를 넣어 5~6분 삶아 그릇에 담는다.
   삶은 물을 조금 부어 기호에 따라 대파 흰 부분, 고수를 얹고 소스를 찍어 먹는다.

   | **포인트** : 그릇에 담은 뒤 삶은 물을 적당량 부어 놓으면 만두가 서로 붙는 것을 막을 수 있다.

Lesson 24

모듬야끼소바
五目焼きそば

- **재료** (2인분)

중화면 … 2 인분	닭 육수 … 250ml	녹말물 … 적당량
배추 … 2 장	마늘 (다진 것) … 1 작은술	식용유 … 적당량
깐 새우 (칵테일 새우) … 80g	생강 (다진 것) … 1 작은술	파기름 (또는 참기름) … 1/2 작은술
건표고 (불린 것) … 2 장	대파 (어슷썰기) … 1/4개 분량	튀김기름 … 적당량

영양성분   열량 476kcal(1 인분 기준) · 단백질 22.5 g, 지방 15.5 g, 탄수화물 66.9 g, 염분 3.0 g

영양 Tip

새우와 오징어는 신경계 기능을 튼튼하게 하는 비타민 B12 외에 눈 건강에 좋은 타우린이 함유되어 있어 긴 시간 동안 학업을 하거나 컴퓨터 사용 등으로 생긴 눈의 피로를 개선하는 데 좋다. 또 타우린은 간 기능을 정상화하는 효과도 있어 생활습관병 예방에도 도움이 된다.

- **조리시간** 40분

- **만드는 법**
  1. 새우는 내장을 빼고 소금과 전분(분량 외)으로 버무린 뒤, 물로 씻어 비린내를 제거한다. 키친 페이퍼로 수분을 모두 제거하고 **A**를 넣어 버무려둔다.

  2. 오징어는 표면에 칼집을 내고 먹기 좋은 크기로 잘라 물로 씻어 미끈거림을 없앤다. 키친 페이퍼로 수분을 제거한 후 **B**를 넣어 버무린다.

  3. 1의 새우, 2의 오징어는 150도의 튀김기름에서 튀겨내고 기름을 잘 털어준다.

  4. 배추와 불린 표고는 한 입 크기로 썬다.

  5. 팬에 식용유 (1 큰술)을 넣고 가열하여 중화면을 볶는다. 중간에 면 볶는 것을 멈추고 양쪽 면이 누룽지처럼 바삭해지도록 구워낸다.

  6. 5의 팬의 기름을 제거한 뒤 식용유 (2 작은술), 마늘, 생강을 넣고 약불로 볶는다. 향이 나기 시작하면 4와 대파를 넣고 가볍게 볶다가 닭 육수를 넣는다. 끓으면 **C**와 3을 넣고 간을 맞춘 뒤, 녹말물을 넣어 걸쭉하게 농도를 주고 마지막으로 파기름을 둘러준다.

  7. 그릇에 5를 담고 6의 소스를 뿌린다.

A		B		C	
청주	1/2 큰술	오징어 (갑오징어 등)	50g	간장	1 큰술
달걀 흰자	1 큰술	청주	1/2 큰술	청주	1 큰술
소금, 후추	약간	소금, 후추	약간	굴소스	2 작은술
전분	1 작은술	전분	1 작은술	설탕	1 작은술
식용유	1 작은술	식용유	1 작은술	후추	약간

Lesson 25

달걀볶음밥
卵チャーハン

- **조리시간** 25분

- **재료** (2인분)

  달걀 … 2 개
  차슈 … 80g
  대파 … 1/3 개
  밥 … 300g
  식용유 … 2 큰술

  A │ 소금 … 1/3 작은술
    │ 닭 육수 분말 … 1/2 작은술
    │ 굵은 후추 … 적당량

  간장 … 1/2 작은술

- **만드는 법**

  1. 달걀은 잘 풀어둔다.
     차슈는 사방 5mm 크기로 깍둑썰기하고, 대파는 성글게 다진다.

  2. 팬에 식용유를 넣고 달군 뒤 1의 달걀을 넣는다.
     반숙 상태가 되면 밥을 넣고 중불로 고슬고슬 해질 때까지 볶다가
     차슈를 넣고 한번 더 볶아준다.

  3. A와 대파를 넣고 가볍게 볶다가,
     마지막으로 팬 가장자리를 따라 간장을 빙 둘러 넣어 향이 올라오도록 볶아준다.

영양성분   열량 429kcal(1인분 기준) · 단백질 17.9 g, 지방 14.9 g, 탄수화물 58.7 g, 염분 2.7 g

영양 Tip

달걀은 체내에서 합성되지 않는 필수아미노산을 비롯해 노른자에는 기억력을 높여주는 레시틴, 흰자에는 감염병 예방에 도움이 되는 라이소자임 등이 함유되어 있다. 대파에는 몸을 따뜻하게 만드는 데 도움이 되는 알리신, 항산화 작용과 감기 예방에 좋은 비타민 C가 함유되어 있다.

- **만드는 법**
  1. 볼에 찹쌀 가루, 녹말, 설탕을 넣고 고루 섞어준다.
     식용유에 따뜻한 물을 넣어 가루를 섞은 볼에 부어준 뒤 반죽한다.

  2. 냄비에 A를 넣고 고루 섞어 가열하여 수분을 날린 뒤
     12등분으로 동그랗게 반죽한다.

  3. 1을 막대 형태로 길게 늘려 12등분으로 자른다. 동그랗게 모양을 잡아 밀어
     2를 감싼 뒤 흰 참깨를 전체적으로 묻혀준다.

  4. 저온의 기름에 3을 넣어 굴리면서 노릇한 색이 될 때까지 튀겨준다.

Lesson 26

깨찹쌀 도넛

胡麻団子

- **조리시간** 45분

- **재료** (4인분)

  찹쌀 가루 … 160g
  녹말 … 20g
  설탕 … 1 큰술
  식용유 … 1 작은술
  따뜻한 물 (60 도) … 140~150ml
  A | 팥 앙금 … 120g
     | 검정깨 (갈은 것) … 1.5 큰술
     | 참기름 … 1.5 작은술
  흰 참깨 … 적당량 (25g)
  튀김 기름 … 적당량

영양성분 열량 332kcal(1 인분 기준) · 단백질 7.1g, 지방 11.9g, 탄수화물 48g, 염분 0.0g

영양 Tip

깨의 향기와 쫀득한 식감의 맛 좋은 간식이다.
깨에는 비타민 B, A, E, 칼슘 등이 풍부하여 영양만점인 식재료이다. 또 깨에 함유되어 있는 세사민은 LDL 콜레스테롤과 혈압을 낮추는 역할을 한다고 알려져 있다. 팥에는 몸의 염분의 균형을 맞춰주는 칼륨, 장의 활동을 원활하게 하는 식이섬유, 에너지를 만들어 활력을 주는 비타민 B1등이 풍부하다. 신장의 활동을 도와 수분을 조정하여 붓기를 빼주는 데 도움을 준다.

제과·제빵

제과·제빵

프랑스 과자의 분류

가토 Cateoux

프랑스어로 과자 전반을 가리켜 가토라고 한다. 현재의 유럽에서 만들어졌으며 일상적인 과자점, 레스토랑, 호텔, 일반 가정 등에서 볼 수 있는 과자는 크게 파티스리, 쇼콜라, 콩피즈리, 글라스로 나뉜다. 그리고 거기에서 다시 여러 종류의 과자로 분류된다.

파티스리 Pâtisserie

밀가루를 주재료로 하여 계란, 버터, 설탕 등의 부재료를 이용한 반죽(Pate:파트)으로 만든 과자를 일컫는다. 반죽에는 여러 종류가 있으며 다양한 과자의 베이스가 되고 있다. 대부분 오븐에서 구운 과자들이다.

파트 제누아즈   Pate a genoises   파트 아 비스퀴 (스펀지 생지)   Pate a biscuits

주재료는 계란, 설탕, 밀가루로, 종류에 따라 유지, 코코아, 초콜릿, 견과류를 섞은 것이 있다. 제조는 기포 작업이 중심이며 공립법[1]과 별립법[2]이 있다.

파트 아 케이크 (버터케이크 생지)   Pate a Cakes

주재료는 버터, 설탕, 계란, 분말로 생지는 촉촉하다. 제조법은 슈가배터법[3], 플라워배터법[4], 공립법, 별립법이 있다.

파트 쎄쉬 (쿠키 생지)   Pate seches

마무리가 마른 상태의 과자가 되는 생지. 주요 재료는 밀가루, 유지, 계란, 설탕이 사용되며 부재료로 견과류와 그 분말, 코코아, 팽창제 등을 사용하는 것도 있다. 특히 유지가 많은 것은 아이스박스를 사용하기도 한다. 파트를 만드는 데는 슈가배터법, 플라워배터법, 원스텝법[5] 등 세 가지 방법이 있다.

파트 아 슈 (슈 생지)   Patea Choux

밀가루 전분에 열과 물을 가해 풀처럼 끈적임이 있는 반죽. 이 반죽을 구우면 슈, 삶으면 뇨키, 튀기면 대표적인 것으로 프렌치도넛이 만들어진다.

---

[1] 계란과 설탕을 넣은 것을 중탕 또는 직화로 뜨겁지 않은 온도(34~37도)에서 섞는다. 불에서 내리고 거품을 충분히 내는 작업을 한 뒤 밀가루를 살짝 섞는다. 유지가 들어간 경우에는 마지막에 섞는다.
[2] 계란을 흰자와 노른자로 나눈 뒤 흰자는 거품을 낸다. 여기에 설탕의 일부를 첨가하여 머랭을 만든다. 노른자와 나머지 설탕을 섞어 머랭과 합치고 밀가루를 섞어 파트를 만든다. 유지가 들어간 경우에는 마지막에 섞는다.
[3] 크림 상태로 만든 버터에 설탕을 넣고 충분히 저은 다음, 달걀을 조금씩 첨가해 밀가루를 섞는 방법.
[4] 크림 상태로 만든 버터에 밀가루를 섞고 설탕과 계란을 넣는 방법.
[5] 모든 재료를 동시에 혼합하는 방법으로 여기에는 유화제를 사용한다.

파트 아 퐁세 (깔개용 생지)   Pate a foncer

단맛이 나는 파트 슈크레, 짠맛의 파트 브리제를 틀에 깔 경우의 호칭.

파트 푀이테 (접는 파이의 생지)   Pate feuilletee

버터를 넣지 않고 만든 반죽을 냉장고에서 휴지시킨 후 버터와 함께 접는 생지. 그 밖에 푀유타주 (feuilletage) 와 푀유타주 래피드 (Feuilletage rapide : 속성법) 두 가지가 있다.

파트 르베 (발효 생지)   Pate levée

이스트로 발효시켜 만든 생지. 주재료는 글루텐이 강한 밀가루, 유지, 계란, 설탕, 이스트 등이다. 발효에 의해 생지를 부풀리는데 베이킹파우더에 의한 팽창과 상이한 점은 이스트 균에 의한 향에 있다. 제조 공정에는 믹싱이 1회뿐인 직접법과 2회 이상인 중종법이 있다.

앙트르메 드 퀴진 (요리 과자)   Entremets de Cuisine

조리장에서 만드는 단맛의 음식으로, 저장성이 없고 만들어서 바로 먹을 수 있는 것. 옛날에는 요리사가 만들었기 때문에 그렇게 불렸지만, 기술이 향상되고 맛과 종류가 다양해지고 있어 과자류의 하나로 분류하게 되었다. 차가운 앙트르메와 따뜻한 앙트르메가 있는데 차가운 것은 차갑게, 따뜻한 것은 따뜻하게 해서 먹는 것이 원칙이다. 따라서 그릇도 따뜻한 것은 따뜻하게, 차가운 것은 차갑게 해 두는 것이 중요하다.

앙트르메 프루아(차가운 앙트르메)   Entremets froid

젤라틴 같은 응고제를 사용하여 냉장고에서 식히고 굳힌 것. 젤리, 바바루아, 브랑망제, 각종 무스, 과일 칵테일류 등이 있다.

앙트르메 쇼 (따뜻한 앙트르메)   Entremets chaud

따뜻하게 해서 먹는 앙트르메로 아래와 같이 다섯 가지 조리법이 있다.

① 오븐에서 굽는 것
② 뜨거운 물이나 우유로 끓이는 것
③ 기름에 튀기는 것
④ 가스 불로 조리하는 것
  · 직접 프라이팬에 굽는 것
  · 냄비에 뜨거운 물을 넣어 찜하는 것
⑤ 테이블 위에서 요리하는 것

① ~ ④번은 조리장에서 만들어지는 것이고, ⑤번은 손님 앞에서 보여주기 위한 쇼적인 요소가 강하다. 이는 프랑스식 조리법의 대표적인 예이다.

쇼콜라 (초콜릿) Chocolat

초콜릿의 원료는 카카오 콩이다. 초콜릿은 카카오 콩의 페이스트 형태인 카카오 매스에 설탕을 섞은 혼합물을 여러 작용을 가해 정제한 것이다. 카카오 콩은 열대 지방에서 재배되는 소관목 종자이다. 일반적으로 아프리카산이 많으며, 보통 초콜릿은 이 카카오를 원료로 한다. 품질이 좋은 것은 서인도 제도나 남아메리카의 카카오로, 트리니테, 자메이카, 에콰도르 등의 것을 사용한다. 베네수엘라산 제품은 한층 높은 평가를 받는데, 마라카이보산 카카오는 특히 향이 고급스럽고 가격이 아프리카산의 4배 가까이 되는 상등품이다. 초콜릿 제품은 일반적으로 중탕으로 녹여 조절하며 작은 틀에 부어 굳히거나 크림, 리큐어 등과 같은 다양한 속을 넣어 만든다.
또 초콜릿 세공도 초콜릿 과자를 만드는 재미 중의 하나이다.

콩피즈리 Confiserie

설탕을 가열하거나 응고시키는 등 상태의 변화를 응용하여 만든 당과류를 말한다. 밀가루는 사용하지 않으며 그 주체는 어디까지나 설탕으로 독립적인 완제품의 특질을 가지고 있다. 설탕을 주원료로 한 것, 견과류나 과일을 설탕으로 가공한 것 등이 있다.

글라스 (빙과) Glace

글라스는 빙과의 통칭으로 차가운 앙트르메에 속한다. 하지만 관련 작업들이 다양화되면서 완전히 독립적인 부류로 취급받게 되었다.

글라스(아이스크림) Glace

일정한 조합에 의해 동결하여 만드는 유제품이다. 일본에서의 구분은 다음과 같다.

	유고형분	그중 유지방분
아이스크림	15% 이상	8% 이상
아이스밀크	10% 이상	3% 이상
락토아이스	3% 이상	
빙과		상기 이외의 것

제조 과정의 오버런[6]은 140% 이하이다. 오버런율에 따라 제품이 달라지기 때문에 제조 과정에 있어 오버런은 매우 중요한 작업이다.

소르베(셔벗) Sorbet

아이스크림보다 유지방이 적은 것으로, 천연과즙을 주원료로 하여 유원료, 감미료, 향신료, 양주류를 섞은 다음, 그것을 냉각기에 넣고 오버런 60% 정도로 동결한 것이 소르베이다. 냉각기의 회전을 느슨하게 하여 입자를 거칠게 만든 것은 그라니타(Granite) 라고 한다.

---

[6] 아이스크림이나 셔벗 또는 생크림 등의 액체를 제반하여 공기를 넣어 섞은 것. 원재료와 같은 용량의 공기가 섞인 상태를 오버런 100%라고 한다. 오버런 정도에 따라 입안에서 녹는 느낌, 부드러움, 감칠맛이 달라진다.

> 제과 · 제빵

유럽의 명과

과자 세계에서 프랑스 과자의 존재감은 확실히 크다. 하지만 양과자의 오랜 역사에 있어 프랑스 과자처럼 훌륭한 과자들이 유럽의 다양한 나라에서도 탄생했다는 것을 간과해서는 안 될 것이다. 프랑스 과자가 아닌 다른 유럽의 명과들을 살펴보자.

독일 렙쿠헨 Lebkuchen

스파이스 등 각종 향신료가 들어가 개성적인 식감을 가진다. 뿌리를 따라가면 고대에서 시작되는데 이 이름이 붙여진 것은 무려 13세기 경이라고 한다. 렙쿠헨은 대항해시대가 들여온 향신료에 의해 만들어진 과자이다.

이 과자가 성행한 것은 중세의 일이었다. 기아, 역병, 전쟁에 시달리던 사람들은 신을 의지해 기도를 올렸다. 이때 빼놓을 수 없는 것이 양초였다. 당시의 최상급 양초는 밀랍으로 만들어진 것으로 매우 인기가 많았다. 그 부산물로 꿀을 얻은 결과, 수도원에서 렙쿠헨을 만드는 것이 성행하게 되었다. 즉, 이 과자는 제과 장인이 아닌 양초 장인들에 의해 세상에 널리 알려진 것이다.

이탈리아 젤라토 Gelato

젤라토는 이탈리아어로 '얼음'을 의미한다. 프랑스어인 글라스와 마찬가지로 셔벗을 포함한 모든 빙과를 가리키는 말이다. 로마시대 때 주군이 더위를 식히려고 하인들에게 고지의 빙설을 가지고 오라고 시켰는데, 그 빙설을 음료에 섞어 마신 것을 계기로 젤라토의 시발점이 이탈리아라고 여겨진다.

그 후 베니스에 있던 마르크 안토니우스 지마라 교수가 얼음에 초석(질산 칼륨)을 넣으면 온도가 내려가는 것을 발견했고, 그로 인해 셔벗이 탄생했다. 또 시칠리아 출신의 프란체스코 프로코피오가 파리에 가게를 열어 셔벗과 그 크림이 들어간 '아이스크림의 원형'을 만들어 큰 성공을 거두었다.

젤라토(빙과)는 이탈리아에서 다양한 형태로 발전하여 오늘날에 이르렀다. 과연 이탈리아의 명과라고 불릴 만하다.

오스트리아 자허토르테 Sacherte

빈의 명과이지만 오스트리아뿐만 아니라 세계 명과 중의 하나이기도 하다. 중후한 맛의 초콜릿 토르테에 단맛이 적은 생크림을 곁들여서 제공한다. 19세기 후반 에드바르트 자허가 빈 회의 때 제공한 것이 이 과자의 시초였다. 그 후 에드바르트 자허가 호텔 자허를 개업하면서 자신의 이름을 딴 자허토르테를 팔아 큰 호평을 받았다.

그런데 한 동네의 과자점 데멜이 같은 과자를 만들어내면서 양측 간에 재판이 벌어졌다. 재판은 호텔 측이 승소하였고 데멜은 같은 이름의 과자를 판매할 수 없게 되었지만, 시민들이 지지한 맛은 무려 데멜의 것이었다. 하지만 현재는 그런 분쟁 없이 양자 모두 원조인 것으로 여겨지며 함께 번성했다. 데멜은 자허토르테를 세계의 명과로 만든 주역이기도 하다.

스페인　폴보론　Polvoron

　스펀지케이크의 발상지인 스페인에는 스페인다운 다양한 과자들이 있는데 이 폴보론도 그중의 하나이다. 원래는 남부 안달루시아 지방의 명과였으나 지금은 스페인을 대표하는 과자로 사랑받고 있다. 스페인의 이질감을 상징하는 듯한 색다른 제작법에 그 비결이 있다.
　먼저 밀가루를 옅은 색이 돌 정도로 구워 글루텐의 끈기를 없애 놓는다. 그렇게 만든 것을 입에 넣으면 '가루' 라는 이름처럼 입 속에서 과자가 부서진다.
　반죽이 무르기 때문에 먹을 때 기지가 좀 필요하다. 비틀려 종이에 싸인 폴보론을 손으로 꽉 쥐고 굳힌 후에, 그 종이를 벗겨내고 입에 넣는다. 그렇게 하면 길쭉한 모양이 되어 한결 먹기 쉬워진다.

포르투갈　파스텔 데 나타　Postero de Nota

　리스본에서 태어난 명과이다. 접시형의 작은 파이 생지에 커스터드 크림을 채워 굽는다. 그 위에는 계피 가루를 뿌려 먹는다.
　언뜻 보기에 평범한 과자처럼 보이지만 바닥에 깔린 파이 생지가 일반적이지 않다. 보통은 접히는 생지를 깔지만 파스텔 데 나타는 생지를 꽈배기처럼 꼬아 원형으로 얇게 자른 것을 깐다. 그렇게 하면 세로형의 층이 형성되어 구울 때 속까지 잘 구워진다.
　일본에는 포르투갈령 마카오가 100년 차관을 마치고 중국에 반환될 때, 마카오를 거쳐 이 명과가 들어와 크게 유행했다. '에그타르트' 라는 영문 이름으로도 유명한데 이것이 바로 포르투갈의 명과 '파스텔 데 나타' 이다.

스위스　아망드 쇼콜라　Amandes chocolats

　껍질을 벗기지 않은 아몬드에 캐러멜을 입힌다. 여기에 또 여러 겹의 초콜릿을 입혀 두껍게 한 다음 코코아를 뿌린 초콜릿 과자이다. 스위스 바젤시의 명과로 여겨지는 아망드 쇼콜라는 초콜릿 왕국인 스위스가 자랑하는 세계의 명과이기도 하다.
　스위스 최초의 초콜릿은 1819년 프랑수아 루이 까이에에 의해 만들어졌다. 그 후 다니엘 피터가 앙리 네슬레가 개발한 콘덴스 밀크에 초콜릿을 결합시켜 밀크초콜릿을 탄생시켰다. 또 스위스의 로돌프 린트가 콘칭 작업을 통해 냄새를 제거하고 부드러운 초콜릿을 만들어냈다. 여기에 카카오 버터를 가미해 풍미와 식감이 훌륭한 초콜릿을 만들었다. 오늘날의 초콜릿도 이 공정으로 만들어진다. 스위스가 초콜릿 왕국으로 불리게 된 것은 이렇게 성립된 것이다.

Lesson 27

바닐라 디아망 쿠키
バニラ風味のディアマン

영양성분 열량 **45kcal(1 인분 기준)** · 단백질 0.5g, 지방 2.6g, 탄수화물 5.3g, 염분 0.0g

영양 Tip

'디아망'은 프랑스어로 다이아몬드라는 의미. 쿠키 표면에 묻힌 설탕이 반짝반짝 빛나는 다이아몬드처럼 보인다 하여 붙여진 이름이다. 코코아나 말차 등 다양한 맛으로 응용할 수 있으며 남은 반죽은 냉동 보관할 수 있으므로 잘 기억해 두면 활용하기 좋다. 버터는 감기를 예방하는 비타민 A와 칼슘 흡수를 도와주는 비타민 D를 함유하고 있다. 설탕은 에너지로의 변환이 빠르므로 피로회복에 효과적이다. 단, 두 가지 모두 열량이 높으므로 과다 섭취는 주의하는 것이 좋다.

- **조리시간** 40분 (차게 휴지시키는 시간 제외)

- **재료** (약 30장)

무염버터 … 80g	바닐라 빈스 … 1/2 줄기
슈거파우더 … 50g	박력분 … 100g
소금 … 약간	아몬드 파우더 … 20g
달걀 노른자 … 10g	설탕 … 적당량

- **만드는 법**

  1. 볼에 버터를 넣고 상온에서 손가락으로 눌렀을 때 부드럽게 들어가는 정도까지 녹인다. 거품기로 잘 섞어 부드러워지면 슈거파우더, 소금을 넣고 잘 섞는다.

  2. 전체적으로 폭신하고 하얗게 변하면 달걀노른자, 바닐라 빈스를 넣고 잘 섞는다. 체에 내린 박력분과 아몬드 파우더를 넣고 가볍게 섞어 뭉친다.

  3. 반죽을 4등분 하여 얇게 밀고 랩을 씌워 냉장고에서 30분간 휴지시킨다.

  4. 3의 랩을 벗겨낸 뒤 가볍게 반죽하여 반으로 잘라 직경 2cm의 막대 모양으로 만든다. 랩을 탄탄하게 씌운 뒤 냉장고에서 30분간 휴지시킨다.

     포인트 : 반죽이 부드러워지면 유지가 녹아 분리되므로 빠르게 성형을 해야 한다.

  5. 4를 물에 적셔 물기를 꼭 짠 키친타월 위에서 굴려 수분감을 준 뒤 설탕 위에서 굴려 전체적으로 설탕을 묻힌다.

  6. 5를 1cm 두께로 자른 뒤 테프론 시트를 깔아둔 오븐 팬 위에 올리고 170도로 예열한 오븐에서 15분간 구워 완성되면 망에 올려 식힌다.

Lesson 28

마들렌

マドレーヌ

■ 재료 (12개 분량)

박력분 … 100g
베이킹 파우더 … 3g
설탕 … 80g
꿀 … 5g
레몬 껍질 (갈은 것) … 0.5g
달걀 … 2 개
녹인 버터 (무염) … 100g

영양성분 열량 129kcal(1 인분 기준) · 단백질 1.8 g , 지방 7.9 g , 탄수화물 13.5 g , 염분 0.1 g

영양 Tip
버터는 감기예방에 좋은 비타민 A와 칼슘 흡수를 촉진시키는 비타민 D가 함유되어 있다. 설탕은 에너지로 변환되는 것이 빠르기 때문에 피로 회복에 효과적이다. 단, 두 영양소 모두 에너지가 높기 때문에 과식에 주의가 필요하다.

- **조리시간** 30분 (반죽을 휴지시키는 시간 제외)

- **만드는 법**
    1. 마들렌 틀에 버터(무염, 분량 외)를 바르고 강력분(분량 외)를 뿌린 뒤 냉동고에서 차갑게 얼린다.

    2. 볼에 박력분과 베이킹 파우더를 함께 체친 뒤 설탕을 넣고 섞어준다.

    3. 2에 꿀, 레몬 껍질, 달걀을 넣고 거품기로 섞어준다.
       녹인 버터를 넣고 부드러워질때까지 잘 섞은 뒤 냉장고에서 2~3시간 정도 반죽을 휴지시킨다.

    4. 1의 틀에 70% 정도 3의 반죽을 넣고 틀을 가볍게 두드려 표면을 편평하게 한다.
       200도로 예열한 오븐에서 13~14분 구운 뒤 다 구워지면 틀에서 빼내어 케이크 망 위에서 식힌다.

Lesson 29

애플파이

ショソン・オ・ポム

> **영양성분**　열량 308kcal(1 인분 기준) · 단백질 3.7g, 지방 15.7g, 탄수화물 39.1g, 염분 0.3g

> **영양 Tip**

시나몬 향 가득한 새콤달콤한 사과를 파이 반죽으로 감싸 바삭하게 구워내는 애플파이. 반달 모양이 마치 슬리퍼 앞코를 닮았다고 하여 프랑스어로 '쇼송'이라는 이름이 붙여졌다. 사과는 장 건강을 좋게 하여 변비를 예방하는 식이섬유가 풍부하다. 그밖에 신맛을 내는 사과산과 구연산에는 피로 회복 효과가 있으며, 시나몬의 향에는 신경 안정 작용이 있으므로 편안하게 휴식을 취하며 차 한 잔을 마시고 싶을 때 곁들이는 것을 추천한다.

- **조리시간** 40분 (차게 휴지시키는 시간 제외)

- **재료** (약 30장)

냉동 파이시트(20x20cm) … 2 장	레몬즙 … 약간	A 설탕 … 60g
사과 (홍옥) … 2 개 (400g)	마른 빵가루 … 1큰술	바닐라 빈스 … 3cm
버터 (무염) … 20g	살구잼 … 20g	B 달걀 노른자 … 1 개
시나몬 파우더 … 약간		미림 … 몇 방울

- **만드는 법**

    1. 사과는 껍질을 벗겨 씨를 제거한 뒤 먼저 세로로 8등분을 하고 각각 4등분한다.

    2. 냄비에 사과와 **A**를 넣고 조림용 속뚜껑을 덮어 약불로 조린다.
       사과가 투명하게 변하면 불을 끄고
       1/3정도는 믹서 또는 체에 내려 퓌레 상태로 만들어 냄비에 다시 넣어준다.

    3. **2**를 재가열하여 수분이 날아가면 가열을 멈춘다.
       버터를 넣어 섞은 뒤 녹으면 시나몬 파우더, 레몬즙을 넣어 맛을 내고
       바트에 옮겨 담아 식힌다.

    4. 파이 시트는 냉장고에서 해동한 뒤 덧가루(분량 외)를 뿌린 조리대에 올려
       모양 틀로 6장을 찍어준다.

    5. **4**를 2~3mm 두께로 밀어 **3**을 올리고 위에 빵가루를 뿌린다.
       한쪽 테두리에 **B**를 바르고, 공기를 빼면서 반으로 접어 꼭꼭 눌러 붙여준다.
       ▍**포인트 :** 빵가루를 넣어주면 사과에서 나오는 여분의 수분을 흡수하여 바삭하게 완성할 수 있다.

    6. 윗면에 **B**를 얇게 바르고 냉장고에서 30분간 휴지시킨다.
       다시 한번 **B**를 얇게 바르고 나이프 끝으로 나뭇잎 잎맥 모양을 그려준다.

    7. **6**을 200도로 예열한 오븐에서 30분간 구워준 뒤
       뜨거울 때 살구잼을 붓으로 발라준다.

Lesson 30

기본푸딩
基本のプリン

- **영양성분** 열량 188kcal(1 인분 기준) · 단백질 5.6g, 지방 7.2g, 탄수화물 25.1g, 염분 0.2g
- **영양 Tip**

달걀 본래의 부드러운 맛과 캐러멜의 쌉싸름한 맛이 잘 어울리는 기본 푸딩이다.
달걀이나 우유는 양질의 단백질이 풍부하고 피부나 머리카락을 아름답게 유지시켜 주는 역할은 물론 면역력을 유지하는 데 도움을 준다. 또 우유에는 칼슘이 풍부하여 뼈와 이를 튼튼하게 한다. 칼슘은 부족하기 쉬운 영양소이므로 평소에도 의식적으로 충분히 섭취하도록 하자.

- **조리시간** 45분 (냉장고에서 굳히는 시간 제외)

- **재료** (푸딩 틀 4개 분량)

A	달걀 … 2개	우유 … 200ml	캐러멜
	달걀 노른자 … 1개	무염버터 … 적당량	설탕 … 50g
	설탕 … 40g		물 … 2 큰술
	바닐라오일 … 약간		

- **만드는 법**

    1. 푸딩 틀 안쪽에 버터를 얇게 바른다.

    2. 캐러멜을 만든다. 작은 냄비에 설탕과 물을 넣고 중불에서 끓인다.
       전체적으로 갈색으로 변하면 불을 끄고 남은 물을 넣는다.
       냄비를 흔들어가며 전체적으로 섞는다.

       포인트 : 뜨거운 캐러멜은 튈 수 있으므로 화상을 입지 않도록 주의한다.

    3. 캐러멜이 굳기 전에 1의 푸딩 틀에 부어준다.

    4. 다른 냄비에 우유를 넣고 가열하여 끓기 시작하면 불을 끈다.

    5. 볼에 A를 넣고 거품이 일지 않도록 섞은 뒤 4의 우유를 조금씩 넣으면서
       조용히 섞는다.

       포인트 : 공기가 들어가면 완성되었을 때 매끄럽지 않으므로 거품을 너무 많이 내지 않도록 한다.

    6. 5를 촘촘한 체에 걸러 3에 천천히 부어준다.

    7. 키친 페이퍼를 깔은 깊은 바트에 6을 놓고 표면의 거품을 스푼으로 걷어낸 뒤
       1개씩 알루미늄 포일로 뚜껑을 씌워준다.

    8. 푸딩 틀의 1/3 높이까지 60도의 온수를 붓고 예열한 160도 오븐에서
       약 20~30분 가열한다.

    9. 구워지면 얼음 물에 틀 전체의 끝까지 오도록 담가 식힌 뒤 열기가 식으면
       냉장고에서 굳힌다. 완전하게 굳으면 푸딩의 테두리 끝을 가볍게 눌러
       틀에서 떼어낸 뒤 틀의 바닥을 뜨거운 물에 살짝 담근다.
       푸딩 틀 위에 접시를 대고 흔들어 재빠르게 뒤집어 틀에서 떼어준다.

영양성분 열량 443kcal(1인분 기준) · 단백질 22.0 g, 지방 21.4 g, 탄수화물 44.0 g, 염분 2.0 g

영양 Tip 토마토에 함유된 비타민 C와 비타민 K는 칼슘 흡수를 돕는 기능이 있으므로 치즈와 함께 먹으면 치아 및 뼈 건강에 도움이 된다.

■ **만드는 법**

1. 볼에 체에 내린 강력분과 드라이 이스트, 설탕, 소금을 넣고 가볍게 섞는다. 미지근한 물을 넣고 반죽하여 한 덩어리가 되면 상온으로 녹인 버터를 넣고 다시 반죽한다.

2. 1을 꺼내 치대듯 반죽하여 기름(분량 외)을 바른 볼에 넣고 랩을 씌워 발효시킨다. (오븐의 발효 기능을 사용하는 경우 30도에서 약 40분)

3. 반죽이 2배로 부풀면 가스를 빼고 반죽을 8등분 한다. 동그랗게 성형하여 면포를 덮어 10~20분간 휴지시킨다. 1개씩 알루미늄 포일로 뚜껑을 씌워준다.

Lesson 31

런치 롤
ランチロール

- **조리시간** 2~3시간

- **재료** (4인분)

    강력분 … 200g
    드라이 이스트 … 3g
    설탕 … 10g
    소금 … 2g
    미지근한 물 … 140g
    무염버터 … 20g
    달걀물 … 적당량

    A │ 로스 햄 … 4 장
      │ 슬라이스치즈 … 4 장
      │ 상추 … 2 장

    B │ 프로슈토 … 8 장
      │ 모차렐라치즈 … 1 개
      │ 토마토 … 1 개

    버터, 머스터드 버터 … 적당량

4. 3의 반죽을 타원형으로 성형하여 철판에 올려 발효시킨다.
   (오븐 발효 기능을 사용할 경우 35도에서 30~40분)

5. 4의 표면에 붓으로 달걀물을 바르고 220도의 오븐에서 10~12분 굽는다.

6. 빵에 칼집을 넣고 버터 또는 머스터드 버터를 바른 뒤 각각 **A**와 **B**의 재료를 빵 사이에 넣어준다.

Lesson 32

수플레 치즈케이크
スフレチーズケーキ

영양성분　**열량 1436kcal(1 인분 기준)** · 단백질 38.2 g, 지방 103.5 g, 탄수화물 104.5 g, 염분 2.1 g

영양 Tip

크림치즈에는 양질의 단백질을 비롯해 튼튼한 뼈와 치아를 만드는 칼슘과 피부 트러블과 감기를 예방하는 비타민 A가 풍부하게 함유되어 있다.

- **조리시간** 30분 (굽는 시간 제외)

- **재료** (15cm 원형 틀 1개 분량)

  크림치즈 … 200g   레몬즙 … 20g
  설탕 … 80g   바닐라오일 … 3~4 방울
  달걀 … 3 개   박력분 … 20g
  식용유 … 20g

- **만드는 법**

  1. 크림치즈는 실온에 꺼내 부드럽게 한다. 달걀은 노른자와 흰자로 나눠 놓는다.
     둥근 틀에 유산지를 깔아둔다.

  2. 볼에 크림치즈를 넣고 거품기로 잘 섞는다.
     부드러워지면 반 분량의 설탕을 넣고 한번 더 잘 섞어주고
     달걀 노른자를 1개씩 넣어주며 섞는다.

  3. 2에 식용유를 넣고 잘 섞다가 우유, 레몬즙, 바닐라오일, 체에 내린 박력분을
     순서대로 넣고 섞어준다.

  4. 다른 볼에 달걀 흰자를 넣고 휘핑기로 거품이 묵직해질 때까지 거품을 낸다.
     남은 설탕을 2~3번에 나누어 넣으면서 프렌치 머랭을 만든다.

  5. 3에 머랭을 2번에 나누어 넣고 스페츌러로 가볍게 섞어 1의 틀에 부어준다.

  6. 깊은 바트에 키친 페이퍼를 깐 뒤 5를 올리고
     틀의 1/2 높이까지 뜨거운 물을 붓는다.
     200도의 오븐에서 15분, 150도로 온도를 낮춰 35~40분간 굽는다.

  7. 구워지면 틀에서 꺼내 케이크 틀 위에 올려 식힌다.

Lesson 33

베니에

ベニエパン

영양성분　열량 503kcal(1 인분 기준) · 단백질 11.3 g, 지방 12.9 g, 탄수화물 90.5 g, 염분 0.9 g

영양 Tip

우유에는 건강에 좋은 필수적인 단백질과 골다공증을 예방하는 칼슘을 함유하고 있다. 블루베리는 강력한 항산화 기능을 하는 안토시아닌이 풍부해 면역력 향상과 눈 건강에 도움이 된다. 그 밖에 세포 노화를 막는 비타민 E도 풍부하다

- **조리시간** 2~3시간

- **재료** (만들기 편한 분량. 약 6인분)

  중력분 … 500g
  드라이 이스트 … 6g
  설탕 … 60g
  달걀물 … 100g
  우유 … 220g ~
  레몬 껍질 … 1/2개 분량
  무염버터 … 60g
  블루베리잼 … 100g

  아이싱 ─────────
  슈거 파우더 … 50g
  물 … 10g
  시나몬 슈거 … 적당량
  설탕 … 적당량

- **만드는 법**

  1. 볼에 체에 내린 중력분과 드라이 이스트, 설탕, 소금을 넣고 가볍게 섞어준다.
     달걀물과 미지근하게 데운 우유를 넣고 반죽하여 한 덩어리가 되면
     상온에서 부드러워진 버터를 넣고 반죽한다.

  2. 1을 꺼내 잘 치대 반죽한 뒤 기름을 얇게 펴 바른 볼에 반죽을 넣고
     랩을 씌우고 발효시킨다.(오븐의 발효 기능 사용 시 30도에서 약 40분)

  3. 반죽이 2배 정도로 부풀면 가스를 빼준다.

  4. 3의 반죽을 덧가루(분량 외)를 뿌린 반죽판에 올려 밀방망이로 1.5cm 두께로 밀어
     준다. 동그란 틀, 도넛 모양으로 각각의 반죽을 찍어주고 남은 반죽은 6등분하여
     동그랗게 빚는다. 젖은 면포를 씌워 10분 정도 휴지시킨 뒤 꼬아서 성형한다.

  5. 4를 바트에서 꺼내 발효시킨다.(오븐의 발효 기능 사용 시 35도에서 30~40분)

  6. 160~170도의 튀김기름에 5의 반죽의 양면이 노릇하게 될 때까지 튀긴다.
     (약 2~3분)

  7. 동그랗게 찍어낸 반죽은 젓가락을 꽂아 중앙에 공간을 만들고 잼을 짜서 넣는다.
     아이싱 재료를 섞어 잼을 넣은 반죽의 표면에 얇게 바른다.

  8. 도넛과 트위스트는 시나몬 슈거 또는 설탕을 뿌린다.

Lesson 34

사쿠라모찌

桜もち

> **영양성분**   **열량** 104kcal(1 인분 기준) · 단백질 1.9g, 지방 0.3g, 탄수화물 24.6g, 염분 0.0g

> **영양 Tip**

관동풍의 사쿠라모찌는 크레이프처럼 구워낸 껍질로 팥앙금을 감싼 뒤 소금에 절인 벚꽃잎에 말아낸다. 연한 분홍색의 껍질은 촉촉하고 부드러워 팥앙금과 잘 어울린다. 팥앙금은 철이나 구리 등의 미네랄과 식이섬유가 풍부하다. 철과 구리는 조혈 작용에 필요한 영양소이며 빈혈 예방에도 도움이 된다. 식이섬유는 장내 환경을 좋게 하고 변비나 거친 피부 예방과 개선에 도움이 된다.

- **조리시간** 35분

- **재료** (8개 분량)

찹쌀가루 … 8g	식용유 … 약간
물 … 80ml	팥 앙금 … 200g
색소 (붉은색) … 약간	벚꽃잎 (소금절임) … 8장
설탕 … 20g	

- **만드는 법**

    1. 볼에 찹쌀가루를 넣고 소량의 색소를 풀은 물을 조금씩 넣고 섞는다.

    2. 매끄럽게 반죽이 섞이면 설탕, 박력분을 순서대로 넣고 거품기로 잘 섞어
       냉장고에서 20분 정도 휴지시킨다.

    3. 팥앙금은 8등분 하여 원기둥 모양으로 빚어 랩을 씌워둔다.
       벚꽃잎 소금절임은 물로 씻어 소금기를 뺀 뒤
       키친 페이퍼로 양면의 수분을 가볍게 닦아준다.

    4. 가열한 팬에 식용유를 적신 키친 페이퍼로 기름을 얇게 바르고 2를 스푼으로 떠서
       밀전병 부치듯 숟가락을 이용하여 둥그스름하고 길쭉하게 (12cm x 6cm정도)
       펴서 약불에 구워낸다.

    5. 4의 표면이 마르면 스페츌러로 구워진 반죽을 뒤집어 뒷면도 구운 뒤
       망에 건져 식힌다. 총 8장을 구워준다.

       ▎포인트 : 반죽을 구울 때에는 노릇한 색이 나지 않도록 약불에서 조심스럽게 굽는다.

    6. 껍질이 적당하게 식으면 먼저 구운 면이 아래로 오도록 손바닥 위에 올려놓고
       3의 팥앙금을 올리고 말아준다.

    7. 벚꽃잎에 6의 말아준 끝부분이 아래로 오도록 하여 말아준다.

Lesson 35

쿠시당고
くし団子

영양성분   열량 240kcal(1 인분 기준) · 단백질 4.5 g, 지방 0.5 g, 탄수화물 51.4 g, 염분 0.7 g

영양 Tip

정백미를 빻은 가루인 상신분이나 찹쌀의 주성분인 탄수화물은 뇌의 중요한 에너지원이다. 체내에서 포도당으로 전환되어 학업과 업무의 효율을 높인다. 팥앙금에는 장내 환경을 조성해 변비를 예방하는 식이섬유를 비롯해 빈혈 예방, 개선에 도움을 주는 철과 구리가 포함되어 있다.

- **조리시간** 90분

- **재료** (4인분)

  찹쌀가루 (건식) … 200g
  뜨거운 물 … 260g
  팥앙금 … 적당량

  미타라시소스
  　간장 … 20g
  　미림 … 15g
  　칡 전분 … 5g

- **만드는 법**

  1. 볼에 찹쌀가루를 넣고 뜨거운 물을 부어 나무 주걱으로 섞어준다.
     전체에 수분이 고루 섞였으면 손으로 잘 반죽하여 한 덩어리로 뭉친다.

  2. 찜기에 젖은 면보를 물기를 꼭 짜서 깔고 1을 적당한 크기로 손으로 뜯어
     찜기에 배열하여 30분간 쪄낸다. 반죽 속까지 완전하게 익어 날가루가 없어지면
     볼에 꺼내어 방망이로 반죽을 잘 치댄다.

  3. 2가 한 덩어리가 되면 차가운 물에 건져 중심 부분까지 완전히 식힌다.
     식으면, 반죽이 부드러워질 때까지 손으로 반죽을 치대어
     한입 크기로 동그랗게 모양을 만들어 빚는다 (32등분 한다).

  4. 3을 꼬치 1개에 4개씩 꽂아 반은 석쇠에서 노릇하게 구워준다.

  5. 냄비에 미타라시소스 재료를 모두 넣고 걸쭉해질 때까지 계속 저으면서
     중약불에서 끓여준다.

  6. 4의 노릇하게 구운 꼬치에는 5를 듬뿍 뿌리고 남은 꼬치에는 팥앙금을 올린다.

일본을 대표하는 요리학교 HATTORI가 전하는 35가지 레시피

Hattori Recipe Book

발행일	2024년 5월 20일
지은이	服部栄養専門学校
옮긴이	김정은
제작·편집	株式会社 大悟
펴낸곳	주식회사 다이고 코리아
주소	서울시 종로구 율곡로 53 해영회관 1006호
Tel	02-735-0798
ISBN	979-11-86914-04-5

- 잘못된 책은 구입하신 곳에서 바꿔드립니다.
- 이 책에 수록된 내용이나 사진, 일러스트 등을 출판권자의 허락 없이 복제 배포하는 행위는 저작권법에 위반됩니다.

©2024 daigo inc.